Andrea Jolander

ALLE VERRÜCKT AUSSER ICH

Andrea Jolander

ALLE VERRÜCKT AUSSER ICH

Der Taschentherapeut
für den täglichen Wahnsinn

HEYNE <

FSC
www.fsc.org
MIX
Papier aus verantwortungsvollen Quellen
FSC® C083411

Verlagsgruppe Random House FSC® N001967

Originalausgabe 04/2017

Neumarkter Straße 28, 81673 München
Redaktion: Angelika Lieke, München
Umschlaggestaltung: Nele Schütz Design, München,
unter Verwendung eines Motives von shutterstock / ESB Professional
Satz: Schaber Datentechnik, Austria
Druck und Bindung: CPI books GmbH, Leck
Printed in Germany

ISBN: 978-3-453-20145-3

www.heyne.de

Inhalt

Vorwort

Seit beinahe vierzig Jahren arbeite ich als Psychotherapeutin. In einer Psychotherapie erfahren Patienten, wie sie besser mit ihren Problemen fertigwerden können. Dabei geht es immer um sehr Individuelles, um etwas, das kein Ratgeberbuch der Welt erfassen könnte und das nur mit Unterstützung eines Psychotherapeuten erarbeitet werden kann.

In diesem Buch werden Sie folglich auch keine Tipps nach dem Motto »Wie gehe ich mit meinem Chef um?« finden.

Psychotherapeuten brauchen Zeit, um gemeinsam mit dem Patienten herauszufinden, was genau die Gründe dafür sind, dass ausgerechnet er mit ausgerechnet diesem Chef ausgerechnet diese Probleme hat.

Psychotherapie ist Maßanfertigung.

Daneben geht es in einer solchen Behandlung aber auch um das, was nichts mit der höchsteigenen Geschichte und Persönlichkeit zu tun hat, sondern was uns alle angeht. Um das, was uns prägt, was uns schadet und was uns heilt. Wer eine Psychotherapie macht, wird also nicht nur erwiesenermaßen gesünder, sondern auch ein ganzes Stück klüger.

Er lernt, neue Perspektiven einzunehmen. Hat er sich bisher meist von außen betrachtet und kritisiert, lernt er, mehr Mitgefühl für sich zu entwickeln. War er in sich selbst und seiner Sicht der Dinge gefangen, lernt er, dass Menschen die Welt unterschiedlich wahrnehmen. Er lernt, seine Impulse besser zu kontrollieren – oder auch mal fünfe gerade sein zu lassen. Und er lernt, Verantwortung für sich selbst und andere zu übernehmen.

In diesem Buch habe ich versucht, möglichst viele der Informationen und Anregungen unterzubringen, die meine Patienten quasi nebenbei mitnehmen.

So erfahren Sie beispielsweise, ob Sie zu den Menschen gehören, die besser die Finger von Onlinespielen lassen sollten, wie Sie Ihren Kindern einen vernünftigen Umgang mit Geld beibringen können, ob Sie einen Seitensprung beichten sollten und wie viel Sport denn nun tatsächlich gesund ist.

Wie alle meine Bücher richtet auch dieses sich an Menschen, die keine Experten in den Bereichen Psychologie, Psychotherapie und Hirnforschung sind und dennoch von den neueren Erkenntnissen dieser Fachrichtungen profitieren wollen.

In meinem Buch *Denken Sie jetzt nichts* habe ich mich mit den Ergebnissen der modernen Hirnforschung und der Bindungstheorie ausführlich befasst. Auch wenn Sie es bereits kennen, müssen Sie die nächsten Seiten, in denen ich sie noch einmal kurz zusammenfasse, nicht überblättern. Denn sonst erfahren Sie nicht, warum Rattenträume so spannend sind, und Ihnen entgehen die neuesten Erkenntnisse über die sogenannte Prüfungsangst.

Und, keine Sorge: Auch dieses Mal gibt es jede Menge Gedankensprünge, Abschweifungen und »Ach, übrigens«. Wie Sie es von mir gewohnt sind.

Neue Perspektiven

Love is all you need

Die derzeit aktuellen Werbespots eines bekannten Datingportals zeigen, was Paare, die sich gerade kennenlernen, in dieser Phase denken. Während ein Mann es als fürsorglich empfindet, dass die Neue ihm den Hemdkragen zurechtrückt, tadelt die Frau sich innerlich dafür, und während eine Frau schrecklich gern singt, sich das aber bisher nur unter der Dusche traute, ist der Mann froh, endlich eine gefunden zu haben, die mit ihm zum Karaoke geht.

Der Werbespruch dazu lautet: *Was du nicht an dir magst, liebt ein anderer.*

Ich bin kein ausgesprochener Werbeslogan-Fan, aber dieser Spruch gefällt mir richtig gut. Er zeigt nämlich genau das auf, was ich jeden Tag in der Praxis erlebe: Menschen machen sich das Leben dadurch schwer, dass sie pausenlos an sich selbst herumkritisieren.

Es gibt zahlreiche Untersuchungen darüber, was genau für den Erfolg einer Psychotherapie ausschlaggebend ist. Ganz egal, wie man untersucht und welche psychotherapeutischen Schulrichtungen man anschaut – im Prinzip kommt immer wieder das Gleiche heraus: In jeder Behandlung ist das mit Abstand Wichtigste, dass der Patient seinen Therapeuten als warmherzig und unterstützend erlebt und dass der, selbst wenn er dem Patienten einmal etwas stecken muss, das etwas schwerer zu schlucken ist, dies immer mit Respekt tut. Als nicht hilfreich werden – wenig überraschend – Therapeuten empfunden, die kühl und unverbindlich auftreten.

Wenn Wertschätzung so aufbauend ist, ist es leicht zu verstehen, dass ein Mangel an Verständnis und ständige Kritik genau das Gegenteil bewirken. Ein solches Verhalten ist wenig unterstützend, sondern vielmehr destruktiv. Was den Umgang mit anderen angeht, ist uns das eigentlich klar. Dennoch ist genau das der übliche Umgangston, den viele Menschen mit sich selbst pflegen.

Stellen Sie sich vor, jemand hat sich ein exotisches Tier zugelegt, ohne sich im Entferntesten über dessen Bedürfnisse informiert zu haben. Er geht davon aus, ein Tier sei etwas zum Liebhaben, zum Streicheln, etwas, dem man kleine Kunststücke beibringen kann. Doch dieses Viech tut nichts von alledem. Es liegt einfach da und schnappt nach der Hand, sobald sie sich ihm nähert. Uns ist sofort klar, dass die Ursache in einem Mangel an Information darüber liegt, um was für eine Art von Tier es sich handelt und wie man am besten mit ihm umgeht.

Ich bin dafür, dass Tiere viel mehr Rechte haben sollten, als es aktuell der Fall ist. Aber ich bin auch der Meinung, Menschen sollten diese Rechte ebenfalls zugestanden werden. Ihr Verhalten sollte zunächst einmal als etwas gesehen werden, wofür es schon einen Grund geben wird, auch wenn wir ihn (noch) nicht kennen.

Man liest immer wieder, das Verhalten von Tieren solle nicht »vermenschlicht« werden, was heißt, man solle tierische nicht mit menschlichen Verhaltensweisen gleichsetzen. Dass wir diese Zweiteilung schaffen, hier Mensch, da Tier, verhindert andererseits aber, dass wir im Alltag menschliches Verhalten so neugierig und wertneutral betrachten, wie wir das bei einem Tier tun würden.

BEOBACHTEN Sie immer mal wieder, wie Sie mit sich selbst umgehen. Lernen Sie, Ihre Gedanken, Ihre Gefühle und Ihr Verhalten nicht ständig zu bewerten, sondern vielmehr freundlich und interessiert herauszufinden, was dahintersteckt.

Lernen Sie, die Grundhaltung einzunehmen, die auch ein Therapeut haben sollte: Seien Sie neugierig und respektvoll sich selbst gegenüber. Wenn Sie etwas verändern wollen, sollten Sie zunächst einmal verstehen, warum die Dinge bei Ihnen so sind, wie sie sind.

Gehen Sie vor allem davon aus, dass es für alles, was Sie tun und denken, Gründe gibt. Nicht nur für das, was Sie an sich mögen, sondern auch für das, was Sie ablehnen.

Meist sind uns diese Gründe allerdings nicht bewusst. Also sollten wir uns zunächst mit dem befassen, was Psychotherapeuten und Hirnforscher das Unbewusste nennen.

Kommandozentrale Unbewusstes

Der weitaus größte Teil dessen, was in unserem Gehirn vor sich geht, entzieht sich komplett unserer Kontrolle. Dieses sogenannte Unbewusste umfasst beispielsweise

– die Regulierung unserer Körper- und Organfunktionen,
– unsere angeborenen Instinkte, die sehr viel mehr vermögen, als wir für möglich halten,
  sowie
– ein riesiges Archiv, das alle unsere Erinnerungen beherbergt.

Das Interessanteste für Psychotherapeuten ist die Archivabteilung. Hier finden wir eigentlich immer Erklärungen dafür, warum Menschen tun, was sie tun.

Für manches hingegen ist die Instinktabteilung zuständig, darunter auch für vieles, das Sie vielleicht als Problem bewerten, das Sie bekämpfen sollten.

Spannend ist, wie häufig Forscher etwas, das lange als störend oder gar schädlich eingeschätzt wurde, schließlich doch als eigentlich nützlich enttarnen. Nehmen wir als Beispiel etwas, das viele Menschen als überaus unangenehm empfinden: das, was wir je nach auslösender Situation als Prüfungsangst oder Lampenfieber bezeichnen.

Die sogenannte Prüfungsangst oder das Lampenfieber haben nichts, wie Sie vielleicht annehmen, mit der natürlichen Angst vor einer nahenden Bedrohung zu tun. Vielmehr handelt es sich, objektiv betrachtet, um eine als störend empfundene Aufgeregtheit vor einem wichtigen Termin, bei dem wir uns mit etwas Gelerntem oder Geübtem anderen Menschen präsentieren. Es scheint schwer zu sein, sie abzulegen, denn man hört von Schauspielern, die bereits seit Ewigkeiten im Geschäft sind und die dennoch vor jedem Bühnenauftritt darunter leiden.

Dass es unendlich viele Tipps gibt, wie man sein Lampenfieber loswird, deutet nun auch nicht gerade darauf hin, dass es sich dabei um etwas Nützliches handeln könnte, ebenso wenig wie die nicht gerade freundlichen Wortbestandteile -angst und -fieber. Warum quält es uns ausgerechnet dann, wenn es um etwas wirklich Wichtiges geht?

Oder liegt das Problem vielmehr darin, dass wir diesem Phänomen einfach die falschen Namen gegeben haben?

In der Tat haben Wissenschaftler herausgefunden, dass Menschen, die ohne Angst in eine Prüfung gehen, schlechter abschneiden als die ängstlichen. Sie empfehlen deshalb, diesen Zustand der erhöhten Aufgeregtheit in wichtigen Situationen als das zu verstehen, was er biologisch tatsächlich ist. Wir spüren, wie unser Körper sich auf solche Situationen vorbereitet, indem er aus allen Rohren feuert und Adrenalin pumpt, damit wir hellwach sind.

Natürlich können bei jedem Menschen auch noch andere Dinge eine Rolle spielen, die beispielsweise mit dem generellen Selbstwertgefühl oder mit Erfahrungen in früheren Situationen zu tun haben, also eher mit der Archiv- als mit der Instinktabteilung.

Allerdings können wir schon eine ganze Menge Druck aus dem Kessel nehmen, wenn wir uns bewusst machen, dass unser Gehirn auch in diesen Situationen eben *nicht* gegen uns arbeitet, sondern im Gegenteil durch Ausschüttung körpereigener Dopingsubstanzen alles dafür tut, uns so leistungsfähig wie möglich zu machen. Schließlich handelt es sich bei Adrenalin um ein Hormon, das für die Bereitstellung von Energiereserven sorgt, die uns in wichtigen Situationen topfit machen sollen.

BENENNEN Sie Ihre Prüfungsangst oder Ihr Lampenfieber um, finden Sie Ihren eigenen positiven Begriff für diesen Zustand, der dem gerecht wird, was sich wirklich in Ihrem Körper abspielt.

Das hilft Ihnen, sich in Zukunft vor Prüfungen oder Präsentationen nicht mehr als angstgeschütteltes Nervenbündel zu erleben, sondern vielleicht eher den Boxer vor sich zu sehen, der sich im Satinkapuzenmantel tänzelnd auf den Kampf vorbereitet, während Ihr Gehirn dazu den Soundtrack von »Eye of the Tiger« liefert.

Lassen Sie uns jetzt einen Ausflug in die Archivabteilung Ihres Gehirns machen.

Die enthält wie gesagt alles, was wir je erlebt haben. Sie dürfen sie sich nicht als Bibliothek vorstellen, die ordentlich nach Abteilungen und Unterabteilungen gegliedert ist. Stattdessen funktioniert sie scheinbar chaotisch, nämlich durch Verknüpfungen. Wir erleben zwei Dinge gleichzeitig, und unser Gehirn verknüpft sie miteinander. Jede Hirnzelle kann zehntausend Verknüpfungen mit anderen Hirnzellen eingehen und ist über lediglich zwei Stationen mit jeder anderen verbunden.

Dass diese Verknüpfungen unbewusst ablaufen und dass noch weiter verknüpft und gesucht wird, wenn unser bewusstes Denken längst woanders ist, zeigt sich beispielsweise dann, wenn uns urplötzlich der Name eines Schauspielers einfällt, nach dem wir am Tag zuvor vergeblich gesucht hatten. Das Gleiche ist es, wenn wir jemandem begegnen, bei dem wir nicht wissen, woher wir ihn kennen. Dann können wir förmlich miterleben, wie unsere Erinnerung versucht, das Problem einzukreisen, indem es beispielsweise abcheckt, wie gut wir den anderen kennen, ob sich der Kontakt eher privat oder professionell anfühlt und Ähnliches. Daher kann es einige Minuten dauern, bis wir die Antwort auf die Frage serviert bekommen.

Sogar nachts wird in der Archivabteilung unermüdlich gearbeitet.

Träume sind nur ein kleiner, vergleichsweise unbedeutender Bereich dessen, was sich dann in unserem Gehirn abspielt. Der unbewusste Teil schiebt vierundzwanzig Stunden Schicht und ist selbst dann aktiv, wenn der bewusste Teil schläft. Er nutzt diese Zeit, um beispielsweise am Tag Gelerntes zu vertiefen und zu verfestigen.

Man hat herausgefunden, dass Ratten ein neu erlerntes Labyrinth im Schlaf mental immer wieder durchlaufen. Und zwar vorwärts, rückwärts, in Teilabschnitten und in zwanzigfacher Geschwindigkeit!

Bei uns läuft das nicht anders. Im Schlaf hat unser Gehirn Zeit, in Ruhe Dinge zu erledigen, bei denen der bewusste Teil – und Ablenkung von außen – nur stört.

LERNEN Sie, Ihren Schlaf oder Ruhezeiten wertzuschätzen und sie nicht als verlorene Zeit zu betrachten, die der Körper nun mal leider braucht, um sich zu regenerieren. Denn das gilt lediglich für den energieintensiveren bewussten Teil. Wir brauchen den Schlaf nämlich vor allem, weil unser Unbewusstes nachts Unmengen zu erledigen hat und in diesen Zeiten endlich einmal ungestört arbeiten kann.

Der Grund dafür, dass bewusstes Denken nur so einen geringen Teil von uns ausmacht, ist, dass es sehr viel Energie in Form von Zucker und Sauerstoff verbraucht. Energiesparen ist deshalb eine der ganz großen Aufgaben unseres Gehirns. Immerhin hat es davon eine ganze Menge, damit der Laden läuft.

Es hat keine Probleme damit, schier unendlich viel Wissen anzuhäufen. Dass wir neugierig auf die Welt sind und hoffentlich ein Leben lang bleiben, belastet unseren internen Speicher absolut nicht. Unser Gehirn macht einen klaren Unterschied zwischen neuen Informationen und neuen Handlungsabläufen. Neue Informationen findet es gut, denn sie können ihm helfen, noch besser für uns zu sorgen.

Was hingegen unseren Tagesablauf betrifft, greift es gern auf Routinen zurück. Was sich einmal als nützlich oder angenehm erwiesen hat, wird beibehalten. Alles, was automatisch abläuft, ohne dass wir neue Entscheidungen treffen müssen, kann das Unbewusste erledigen. Wir brauchen nicht mehr jeden Morgen darüber nachzudenken, wie Anziehen geht oder Kaffeekochen. Diese kleinen Unterprogramme laufen, einmal gestartet, automatisch ab und verbrauchen praktisch keine Energie, was günstig ist.

Gewohnheiten zu ändern und neue zu etablieren, die wir – ob berechtigt oder nicht – für besser oder gesünder halten, benötigt hingegen immer wieder neue Entscheidungen und verbraucht damit Energie.

Gehe ich heute ins Fitnessstudio oder nicht? ist so ein Beispiel.

Setzt das Unbewusste einem solchen Eingriff in seine Ablaufpläne Widerstand entgegen, neigen viele Menschen dazu, sich selbst zu beschimpfen und dabei Begriffe wie *innerer Schweinehund* zu gebrauchen. Ich halte es für keine gute Idee, etwas zu beschimpfen, dessen Funktionsweise man nicht versteht. Erheblich zielführender ist es, die Sprache dieses Systems zu erlernen und dafür zu sorgen, dass von uns erwünschtes Verhalten möglichst schnell zur Routine wird.

Geschätzt zwischen 30 und 50 Prozent unseres Tagesablaufs werden durch Gewohnheiten bestimmt. Ob sie nun nützlich oder schädlich sind – auf jeden Fall sind sie schwer wieder loszuwerden. Gewohnheiten sind wie Spurrillen im Gehirn. Wir haben einmal die Entscheidung getroffen, etwas zu tun, und dieses Verhalten hat sich durch ständige Wiederholungen automatisiert. Mit dem blanken Vorsatz werden wir es nur höchst selten ändern können, und dafür gibt es gute Gründe. Die Teile unseres Gehirns, die für Entscheidungen zuständig sind, schlummern nämlich, wenn wir in solchen automatisierten Abläufen stecken.

Jedes dieser Unterprogramme besteht aus drei Teilen: Es startet mit einem auslösenden Reiz, läuft dann ab und endet mit einer Belohnung.

Am Anfang sind es noch die Eltern, die uns loben, wenn wir uns die Zähne putzen. Irgendwann ist das Zähneputzen zur Gewohnheit geworden, und wir brauchen keine Belohnung mehr. Das Gehirn selbst schüttet zur Belohnung zufrieden machende Substanzen aus, wenn wir solche Tätigkeiten durchführen.

Anfangs- und Endpunkte markieren die Zeitspanne, während der das Gehirn sich ausruhen kann, zumindest von dem energieintensiveren bewussten Denken. Solche automatisierten Tätigkeiten liebt unser Gehirn auch deshalb, weil es in dieser Zeit prima an neuen Ideen herumtüfteln kann. Unsere besten Ideen, die scheinbar aus dem Nichts kommen, haben wir, während wir etwas tun, das wir schon tausendmal getan haben.

Wie können Sie es also beispielsweise schaffen, tatsächlich regelmäßig Sport zu treiben?

(Zu der Frage, ob Fitness aus der Sicht der Wissenschaft tatsächlich etwas mit Gesundheit zu tun hat, kommen wir später.)

Wenn Sie damit anfangen wollen, setzen Sie sich keine Ziele, bei denen Ihr Unbewusstes nicht mitzieht. Bürsten Sie sich, was Bewegung betrifft, vor allem nicht gegen den Strich. Was Sie schon im Schulsport gehasst haben, wird wahrscheinlich auch jetzt nicht Ihre große Leidenschaft werden.

ÜBERLEGEN Sie zuerst, ob Sie eher ein Draußen- oder ein Drinnenfan sind. Fragen Sie sich auch, ob Sie Motivation durch andere brauchen oder es hassen, wenn jemand Ihnen das Tempo vorgibt. Und dann erinnern Sie sich an Ihre frühere Lieblingsdisziplin. Vielleicht würde das oder etwas Ähnliches Ihnen ja wieder Spaß machen.

Der Vorsatz *Ich will jede Woche zweimal ins Fitnessstudio gehen* wird sehr wahrscheinlich scheitern, das zeigt die Statistik. Die Mehrzahl der Leute, die dort angemeldet sind, geht nicht mehr hin, obwohl ihr Vertrag weiterläuft. Die Studios verdienen ihr Geld also nicht mit den paar Hanseln, die dort schwitzen, sondern mit der größeren Menge derer, die sich einmal angemeldet hatten und nun mit schlechtem Gewissen zu Hause auf dem Sofa liegen. Es gelingt uns folglich nicht einmal dann, ein neues Verhalten zu verfestigen, wenn wir dafür zahlen müssen. Nicht weil irgendein innerer Schweinehund nicht mitzieht, sondern weil das Gehirn nicht einsieht, warum es seine Routinen ändern soll.

Wenn Sie etwas ändern wollen, reicht es nicht, nur einen Entschluss zu fassen. Sie müssen Ihr Verhalten in kleinen Schritten ändern, bis es zur Gewohnheit geworden ist.

WENN Sie zu Hause ein Fahrradergometer stehen haben, das Sie immer wieder vorwurfsvoll ansieht, weil es nur als Kleiderständer dient, beginnen Sie mit dem Plan, jeden Tag eine Minute lang zu radeln.

Eine Minute ist nun wirklich machbar, egal, wie heftig der Tag ist. Oder berühren Sie wenigstens einmal am Tag mit dem Po den Sattel. Wenn Sie schon mal draufsitzen, ist es erheblich einfacher, den Plan durchzuführen, ein paar Minuten zu radeln.

Versuchen Sie aber nicht, Ihr Gehirn auszutricksen, indem Sie sich insgeheim vornehmen, doch jeden Tag eine halbe Stunde zu fahren, und sich dann ärgern, wenn es nicht geklappt hat. Damit kriegen Sie es garantiert nicht dazu, zu kooperieren. Es steht nämlich auf Abläufe, die mit einer Belohnung enden, nicht mit einer Beschimpfung. Wichtig ist es also, nicht mit sich zu hadern, wenn es tatsächlich bei einer Minute bleibt. Ihre Tagesform ist nicht immer gleich, und das Unbewusste hat seine Gründe, an manchen Tagen weniger Lust aufs Radfahren zu haben als sonst. Beispielsweise, weil es mit der Abwehr eines Infekts beschäftigt ist, wovon Sie vielleicht gar nichts mitbekommen. Wenn Sie sich jedes Mal beschimpfen, wenn Sie Ihren Plan nicht einhalten, verlieren Sie schließlich ganz die Lust daran.

Versuchen Sie, sich das Strampeln so kurzweilig wie möglich zu gestalten. Manche Menschen basteln sich einen Halter für ihr Tablet oder für ein spannendes Buch, das nur auf dem Rad gelesen werden darf, andere legen sich eine Serie zu, die sie schon immer schauen wollten und die ebenfalls nur während des Sportelns konsumiert werden darf.

Machen Sie das am Anfang nur so lange, wie es sich gut anfühlt. Mit jedem Tag, an dem Sie auf das Ding klettern, vertiefen Sie diese Spurrille in Ihrem Gehirn.

Sie wollen aber tatsächlich lieber ins Fitnessstudio? Dann sorgen Sie für einen auslösenden Reiz, indem Sie beispielsweise die Sporttasche schon mit zur Arbeit nehmen.

Sich vorzubeten, Sport sei gesund, und dabei zu hoffen, das allein werde als Motivation ausreichen, wird eher nicht klappen. Ihr Gehirn ist sowieso ständig damit beschäftigt, Sie gesund zu erhalten. Überreden können Sie es folglich nicht. Schaffen Sie also Routinen.

Ein beeindruckendes Beispiel hierfür habe ich vor längerer Zeit in einer Fernsehsendung gesehen, in der es darum ging, übergewichtigen Jugendlichen beim Abnehmen zu helfen.

Gezeigt wurde eine junge Frau, die eine Rundumversorgung bekam, nicht nur eine Ernährungsberaterin, sondern auch einen netten, knackigen Personal Trainer. Er holte sie am ersten Tag zu Hause ab und erklärte, er wolle erst einmal mit ihr darüber reden, was sie denn im Bereich Sport und Bewegung bisher getan habe. Während sie sich unterhielten, gingen sie in gemütlichem Spaziertempo die Straße hinunter. Nach einiger Zeit fragte die junge Frau, wann es denn mit dem Programm losgehe.

»Wir haben schon angefangen«, sagte der Trainer. »Wir sind jetzt fünf Minuten gegangen. Jetzt gehen wir wieder zurück, dann sind wir zehn Minuten gegangen.«

Er werde sie jeden Tag abholen, und jeden Tag würden sie ein klein wenig länger spazieren gehen, und irgendwann würde sie dieses Programm allein fortführen. Wenn sie bei jeweils einer halben Stunde Hin- und Rückweg angekommen sei, sei die Endstufe erreicht.

Man kann sich gut vorstellen, dass es für jemanden, der sich bisher nur bewegt hat, wenn es unbedingt erforderlich war, einen gewaltigen Unterschied macht, jeden Tag eine Stunde zu Fuß zu gehen. Und das auf eine Weise, bei der das Unbewusste keinen Verdacht schöpft, man wolle ihm hier irgendwelche neuen Mätzchen beibringen. Sondern auf eine

Weise, die ganz allmählich die Spurrille vertieft, die beinhaltet, jeden Tag das Haus zu verlassen und zu laufen.

Weil wir gerade beim Laufen sind: Wie sieht es eigentlich mit dem sogenannten *Gehirnjogging* aus? Können wir damit unsere geistige Leistungsfähigkeit tatsächlich verbessern?

Einige Zeit ging man davon aus, dass dies durch bestimmte Übungen erreicht werden könnte. Mittlerweile hat es sich herumgesprochen, dass Gedächtnistraining nur genau den winzigen Teilbereich verbessert, den wir gerade trainieren, dass unser Gedächtnis insgesamt aber nicht leistungsfähiger wird.

Wenn Sie sich also beispielsweise, um Ihr Gedächtnis zu schulen, vor einer Reise dazu zwingen wollen, auf Listen zu verzichten und sich alles zu merken, werden Sie damit nur erreichen, dass Sie am Urlaubsort eine neue Nagelschere kaufen müssen, weil Sie Ihre zu Hause vergessen haben. Machen Sie lieber Listen und entlasten Sie damit den inneren Speicher.

WENN Sie tatsächlich etwas für Ihr Gehirn tun wollen, so empfehlen Wissenschaftler, sich eine neue Sprache anzueignen oder ein Instrument zu erlernen. Bleiben Sie ein Leben lang neugierig und hören Sie nie mit dem Lernen auf.

Noch ein Tipp für den Fall, dass Sie sich etwas merken wollen, ohne es aufzuschreiben, weil Ihnen vielleicht unterwegs noch etwas einfällt, das Sie besorgen wollen.

NUTZEN Sie die Vorliebe Ihres Gehirns für Verknüpfungen. Mit anderen Worten: Bauen Sie sich eine Eselsbrücke.

Brauchen Sie noch Milch, stellen Sie sich beispielsweise vor, dass im Laden gleich hinter der Tür eine riesengroße Milchflasche steht. Schon haben Sie eine Verknüpfung zwischen »In den Laden gehen« und »Milch kaufen« geschaffen. Das funktioniert bedeutend besser als Auswendiglernen.

Meine Praxis liegt in einer Gegend, in der ich praktisch alles, was neben der Arbeit zu besorgen ist, vorher oder in der Mittagspause erledigen kann. Oft reicht es aus, dass ich auf einer gedachten kleinen Straßenkarte markiere, wohin ich muss, beispielsweise Bank, Schuster, Bäcker, Zeitungskiosk, und mir die Zahl der Anlaufstellen merke. Rufe ich die ab, poppt automatisch mental die Karte hoch, und am Bestimmungsort das, was dort üblicherweise zu erledigen ist. Eine Liste brauche ich nur, wenn ich irgendwo mehrere Dinge erledigen muss, die von der üblichen Routine abweichen.

Wenn man seinen internen Speicher überfordert, ist man nicht unbedingt immer selbst schuld daran. Mit ihren jugendlichen Kindern kriegen Eltern meines Erachtens auch deshalb so oft Krach, weil die pausenlos den Speicher der Eltern überlasten. Man möchte gern etwas an den Nachwuchs delegieren, von dem man meint, der könne sich darum nun langsam selbst kümmern, beispielsweise, wenn er am nächsten Tag etwas außer der Reihe in die Schule mitbringen muss. Man fragt immer wieder nach, ob er sich darum gekümmert hat, und bekommt immer ein genervtes »Jaja, mach ich schon noch!« zur Antwort. Natürlich wird er sich nicht darum kümmern, was auch damit zusammenhängt, dass im jugendlichen Gehirn gerade Straßensperrung infolge umfangreicher Umbauarbeiten besteht und dass die Gedächtnisabteilung stark unterbesetzt ist.

Also muss die Mutter immer wieder als externe Festplatte herhalten. Was wiederum dazu führt, dass aus dem Speicher des mütterlichen Hirns dieser Vorgang nicht gelöscht werden kann, um den Speicherplatz wichtigerer Verwendung zuzuführen. Was wahnsinnig nervt und immer wieder zu Familienzoff führt.

Einen besseren Tipp als nur zu hoffen, dass diese Zeit der Prüfungen für das Familienklima bald vorbei ist, habe ich auch nicht, außer vielleicht den folgenden.

HÄNGEN Sie einen großen Zettel an eine gut sichtbare Stelle, auf der alles steht, was der Jugendliche zu erledigen hat. Lassen Sie ihn durchstreichen, was getan worden ist. Ein Vermerk im gemeinsamen Familienkalender hätte ungefähr so viel Effekt, als ob Sie das Ganze Ihrem Kaktus auftragen.

Erziehung ohne Konsequenzen funktioniert so wenig wie Lernen ohne Fehler. Wenn Sie für Ihr Kind – gleich welcher Altersstufe – immer die Kohlen aus dem Feuer holen, lernt es nur eins: *Es ist immer jemand da, der die unangenehmen Dinge für mich erledigt.* In der Folge wird es für ein Leben ohne persönlichen Assistenten unvorbereitet sein. Lassen Sie es auch einmal Konsequenzen spüren, also ohne das für die Schule notwendige Teil dort auflaufen, das zu Hause gut lesbar auf der persönlichen To-do-Liste des Betreffenden stand. Setzen Sie sich im nächsten ruhigen Moment mit ihm hin und überlegen Sie gemeinsam, was ihm noch effektiver helfen könnte, sich an das zu Erledigende zu erinnern. Wobei *Mama muss halt dran denken* keine der ankreuzbaren Optionen ist.

Das Fundament der Persönlichkeit

Vielleicht fragen Sie sich an dieser Stelle: Haben denn die Hirnforscher jetzt in der Psychologie das Ruder übernommen? Früher hatten die Psychologen es doch immer mit der Kindheit?

Die Antwort lautet: Das haben sie immer noch, sogar mehr denn je. Denn in einem sind Hirn- und Bindungsforscher sich völlig einig: Die wichtigsten Dinge geraten in unser inneres Archiv bereits zu einer Zeit, an die niemand von uns sich erinnern kann, weil unser Gedächtnis damals noch nicht genügend ausgereift war, nämlich in den ersten eineinhalb Jahren. Entscheidende Grundsteine unserer Persönlichkeit werden dann gelegt, und was in dieser Zeit zwischen uns und den Menschen geschieht, die uns am nächsten stehen, kann darüber entscheiden, ob wir das Leben mit seinen Aufgaben meistern werden oder daran scheitern, und sogar, wie körperlich robust oder anfällig wir sein werden.

Die Hirnforscher erklären dies damit, dass sich – je nach Umgang der Eltern mit ihrem Kind – bereits in dieser frühen Phase entscheidet, ob bestimmte Hirnregionen wachsen oder verkümmern. Bereits mit neun Monaten erreicht die Entwicklung der erwähnten Verknüpfungen von Nervenzellen im Gehirn ihren Höhepunkt. So aufnahme- und lernfähig wie in dieser ersten Zeit werden wir nie wieder in unserem Leben sein.

Mit dem Trend, Chinesischunterricht bereits im Kindergarten zu erteilen, hat das allerdings absolut nichts zu tun, im Gegenteil. Dafür viel damit, wie geborgen ein Kind sich fühlt, wie zuverlässig es seine Mitmenschen zu einer Zeit erlebt, in der es noch ganz und gar auf sie angewiesen ist, aber auch, wie gut sie ihm dabei helfen, mit den heftigen Gefühlen umzugehen, die es bewegen.

Ein Grund für die große Bedeutung unserer allerersten Lebensjahre ist also, dass dies die für die Hirnentwicklung wichtigste Zeit ist. Ein weiterer Grund ist, dass für diese Entwicklung die Beziehung zu anderen Menschen immens bedeutsam ist. Hier kommen die Bindungsforscher ins Spiel.

Menschen gehören zu den Säugetieren, die zu Beginn ihres Lebens noch eine ganze Zeit lang extrem hilflos sind. Viel mehr noch als ein Fohlen oder Kälbchen, die zur Not versuchen können, ein anderes Muttertier für sich zu interessieren, falls das eigene sie nicht ausreichend versorgt. Deshalb sind Menschenkinder noch stärker darauf angewiesen, dass jemand gut auf sie aufpasst, dass ihnen also eine gute Bindungsbeziehung angeboten wird, in der sie sich sicher fühlen können und nicht durch Vernachlässigung oder Gewalt bedroht sind. Und dass sie in einer solchen Beziehung das bekommen, was sie brauchen, um aus einem unangenehmen Gefühl wieder herauszukommen, aus Hunger, Schmerz, Einsamkeit beispielsweise, oder dem Wunsch nach Anregung.

Bereits bei eineinhalbjährigen Kindern lassen sich deutlich die Folgen solcher guten oder weniger guten Erfahrungen erkennen. In Langzeituntersuchungen haben Forscher darüber hinaus festgestellt, wie sich die unterschiedlichen Bindungserfahrungen dieser ersten Zeit im Erwachsenenalter auswirken.

Man unterscheidet dabei vier Bindungsformen:

Gut die Hälfte der untersuchten Kinder ist *sicher gebunden*. Sie haben die Erfahrung gemacht, dass ihre Bedürfnisse richtig erkannt werden, dass man liebevoll mit ihnen umgeht und dass ihnen geholfen wird, wenn es ihnen nicht gut geht. In Kindergarten und Schule können sie Probleme mit anderen Kindern besser lösen, und im Erwachsenenalter fällt es ihnen leichter, gute und dauerhafte Partnerschaften und Freundschaften einzugehen. Außerdem verfügen sie später über eine erheblich robustere Gesundheit.

Die zweitgrößte Gruppe ist die der *unsicher-vermeidend gebundenen* Kinder. Häufig handelt es sich dabei um Kinder, die schon früh »vernünftig« sein mussten. Bindungsforscher sind der Meinung, in den ersten eineinhalb Jahren könne ein Kind noch nicht verwöhnt werden, sondern es brauche im Gegenteil das Erleben von Verlässlichkeit, was auch bedeutet: Wenn das Kind auf sich aufmerksam macht, sollte jemand parat sein, um sich mit ihm zu beschäftigen bzw. es zu trösten. Werden diese Bedürfnisse nicht befriedigt, besteht die Gefahr, dass der Pegel des Stresshormons Cortisol steigt, und zwar dauerhaft, wenn das Kind diese negative Erfahrung immer wieder machen muss.

Also vergessen Sie den Rat, egal ob er von Ihrer Oma oder gelegentlich auch noch von manchen Autoren kommt, man müsse einen Säugling auch mal schreien lassen, damit er das Durchschlafen lerne, sonst schaffe er es nie, sich selbst zu beruhigen. Wenn Sie diesem Rat folgen, wird das Kind tatsächlich irgendwann aufhören zu schreien. Aber nicht, weil es sich beruhigt hat, sondern weil es resigniert und aufgehört hat, darauf zu hoffen, dass auf dieser Welt Hilfe zu bekommen ist. Kinder dieses Alters sind noch gar nicht imstande, ihre Gefühle selbst zu regulieren.

Als Erwachsene werden die unsicher-vermeidend gebundenen Kinder wahrscheinlich Probleme haben, ihre Gefühle konkret zu benennen. Möglicherweise werden sie dennoch nie auffällig und sehen daher auch keinen Grund, eine psychotherapeutische Praxis aufzusuchen. Dafür landen ihre Angehörigen bei uns, weil sie darunter leiden, dass der Betreffende keine Gefühle zeigen kann.

Die nächstgrößere Gruppe ist die der *unsicher-zerrissen gebundenen* Kinder. (Die Fachleute nennen diese Bindungsform *unsicher-ambivalent.*) Die Eltern dieser Kinder sind dauerhaft oder über einen längeren Zeitraum unausgeglichen, launisch oder so stark mit ihren eigenen Problemen beschäftigt, dass die Reaktionen, die das Kind erfährt, weniger mit seiner als mit der Befindlichkeit der Eltern zu tun haben. Das macht es ihm schwer, etwas über Ursache und Wirkung in der Welt zu lernen. Diese Kinder werden unter Umständen schon früh auffällig, da es ihnen nicht gelingt, sich mit sich selbst zu beschäftigen. Sie haben auch nicht gelernt, sich zu entspannen, sondern passen wie ein kleiner Seismograf auf, wann der nächste Wetterumschwung bei den Eltern droht. Hier handelt es sich um Menschen, die später beispielsweise erzählen, dass sie schon als Kinder ungern nach der Schule nach Hause kamen, weil sie nie wussten, welche Stimmung sie dort erwartete.

Die letzte Bindungsform betrifft die *haltlos gebundenen* Kinder. (Fachleute nennen diese Bindungsform *desorganisiert.*) Hierbei handelt es sich um Elternhäuser, in denen die Kinder nicht einfach nur launische oder auch psychisch gestörte Eltern erleben oder solche mit Suchtproblemen, sondern um Familien, in denen Kinder schon früh Angst vor ihren eigenen Eltern haben müssen, weil sie Erfahrungen von Gewalt, Missbrauch oder Vernachlässigung machen. Im Kindergarten fallen diese Kinder unter Umständen schon früh durch erhöhte Aggressivität auf. Mittlerweile weiß man, dass der Cortisolspiegel selbst bei einem Kind, das bereits im Alter von sechs Monaten von liebevollen Eltern adoptiert wurde, in der Zeit davor jedoch haltlos gebunden war, noch Jahre später erhöht ist.

Haltlos gebundene Kinder können sich schlechter konzentrieren und liegen in ihrer geistigen Leistungsfähigkeit gegenüber ihren Altersgenossen oft um Jahre zurück. In internationalen Studien machen diese Kinder etwa 15 Prozent aus.

Die Erwachsenen, die als Kinder keine sichere Bindungserfahrung gemacht haben, berichten sechsmal häufiger von körperlichen Erkrankungen als die sicher Gebundenen, was zeigt, welche Folgen es hat, wenn unser Cortisolspiegel dauerhaft erhöht ist, denn Cortisol drosselt das Immunsystem.

NATÜRLICH können Sie sich an Ihre allerersten Lebensjahre nicht erinnern, denn Ihr Gedächtnis war damals noch nicht weit genug entwickelt, um Ihrem bewussten Teil Zugriff darauf zu gewähren. Vielleicht haben Sie trotzdem die Möglichkeit, an Informationen darüber zu gelangen, wie diese erste Zeit für Sie verlaufen ist. Denn sie war mitentscheidend dafür, was für ein Mensch Sie heute sind, wie Sie denken, fühlen und lieben.

Mehr über Ihre ersten Lebensjahre zu wissen kann Ihnen unter Umständen helfen, manche Gefühle und Reaktionen bei sich selbst zu begreifen, die Ihnen bisher unerklärlich erschienen. Weil sie eben aus einer Zeit stammen, in der Sie noch keine Worte dafür finden konnten.

Den meisten Menschen ist nicht klar, was ihr Unbewusstes vermag, rund um die Uhr, auch in der Nacht und in den Zeiten, in denen wir automatisierte Tätigkeiten verrichten oder scheinbar nichts tun. Ebenso ist ihnen nicht klar, dass das Unbewusste auch sein ganz eigenes Gedächtnis hat, das weiter zurückreicht als das, woran wir uns bewusst erinnern können.

Überrascht es Sie, dass gerade die Zeit, an die wir uns nicht erinnern, für unser ganzes Leben ausschlaggebend sein soll? Warum eigentlich?

In den USA gab es mehrere Vorfälle in Freizeitparks, bei denen Schwertwale ihre Trainerinnen oder Trainer töteten. Tierschützer gehen davon aus, dass eine der Ursachen darin bestand, dass diese Tiere viel zu früh von ihren Muttertieren getrennt worden waren und darum ein sonst unübliches aggressives Verhalten entwickelten. Die meisten Menschen wissen, wie wichtig es ist, dass ein Hundewelpe oder ein kleines Kätzchen ausreichend lange bei der Mutter bleibt, damit später keine Verhaltensstörungen oder Gesundheitsprobleme auftreten. Warum sollte ausgerechnet bei uns Menschen diese erste Zeit nicht wichtig sein?

Wenn jemand feststellt, dass sein Haus Risse hat, würde er auch daran denken, dass eventuell mit dem Fundament etwas nicht in Ordnung ist. Viele Menschen sind entweder verblüfft darüber, dass ihre Lebensgeschichte bei aktuellen Problemen eine Rolle spielen soll, oder sie halten das schlichtweg für Unfug. Der Gedanke, darauf keinen bewussten Zugriff zu haben, ist für sie beängstigend oder gar kränkend. Ihnen ist die Vorstellung erheblich angenehmer, sie könnten sich selbst jederzeit ohne Weiteres neu erfinden.

Natürlich ist auch alles, was nach dieser frühen Phase in der Entwicklung geschieht, ungeheuer wichtig. Nach den ersten eineinhalb Jahren beginnt ein Kind allmählich, seine Umgebung zu erkunden. Die Hauptbezugsperson wird – im Idealfall – zur sicheren Basis, zu der man von seinen kleinen Ausflügen wieder zurückkehrt wie ein Shuttle zur Raumstation. Konnte diese Person in den ersten achtzehn Monaten jedoch keine Sicherheit vermitteln, erleben diese Kinder die Welt eher als bedrohlich oder gar als feindselig und sind daher auch weniger neugierig.

Mit dem, was Sie nun über die neueren Erkenntnisse der Hirn- und Bindungsforschung wissen, haben Sie das wichtigste Handwerkszeug, um besser verstehen zu können, wie Sie selbst und wie andere Menschen funktionieren.

Viele Probleme entstehen dadurch, dass Menschen fest davon überzeugt sind, jeder, egal ob Partner, Freundin oder Eltern, müsse genauso ticken wie sie selbst. Wichtig ist es, die Perspektive zu weiten und zu verändern, um sich weiterzuentwickeln und im Umgang mit anderen nicht mehr so oft vor die Wand zu laufen.

Gefangen in der eigenen Welt

Würden Sie in einer fremden Umgebung ein kleines Kind nach dem Weg fragen?

Wohl eher nicht, zumindest wenn es sich vermeiden lässt. Ihnen ist klar, dass es – zu Recht – zu unangenehmen Missverständnissen kommen kann, wenn man fremde Kinder anquatscht. Außerdem wissen Sie, dass Sie auf die Frage, wo der Bahnhof ist, wahrscheinlich eine Antwort bekommen würden, die für Sie komplett unverständlich ist, im günstigsten Fall etwas wie: »Zuerst müssen Sie dahin gehen, wo die Lena wohnt, dann zum Haus von Oma Marga, und dann sind Sie gleich da.«

Kinder leben noch ganz und gar in ihrer eigenen Welt und begreifen erst mit der Zeit, dass jeder von uns wiederum seine ganz eigene Welt im Kopf hat. Man muss schon recht erwachsen sein, um bei einer Bahnfahrt versonnen aus dem Fenster zu sehen und zu denken: So viele Häuser, so viele Menschen, die darin leben, und jeder hat sein eigenes Schicksal.

Kinder denken nicht so.

Kennen Sie das beliebte Spiel kleiner Kinder, die die Hand vor Augen halten und begeistert rufen: »Du siehst mich aber nicht!«

Sie brauchen einige Jahre, bis sie verstehen können: So, wie ich die Welt sehe, sehen andere sie nicht.

Der klassische psychologische Versuch hierzu ist der sogenannte Drei-Berge-Test des Psychologen Jean Piaget. Der Mann war Schweizer, und so setzte er das Kind vor ein dreidimensionales Modell einer Berglandschaft. Unter mehreren Fotografien sollte es nun die wählen, die das Panorama aus seiner Sicht zeigte. Dann sollte es das Bild heraussuchen, das sich einem Betrachter bietet, der sich an einer bestimmten anderen Stelle in der Landschaft befindet. Kleine Kinder sind damit komplett überfordert, denn ihnen ist nicht einmal bewusst, dass andere die Welt aus einer anderen Sicht betrachten. Geschweige denn, dass es, um erfolgreich zu kommunizieren, nicht schadet, sich mitunter in die Sichtweise des anderen hineinzuversetzen.

Entwicklungspsychologen nennen dieses Phänomen die Phase des kindlichen Egozentrismus.

Eines der größten Probleme von Wissenschaftlern, vor allem im Bereich der Psychologie, besteht darin, dass man sichergehen muss, auch tatsächlich das zu messen, was man messen möchte. Deshalb werden die Messverfahren ständig verändert und verfeinert. Beim Drei-Berge-Test könnte man auf die Idee kommen, dass hier ganz nebenbei auch räumliches Vorstellungsvermögen mitgemessen wird, worum es ja eigentlich nicht gehen sollte. Deshalb arbeitet man inzwischen eher mit anderen Methoden, um zu sehen, wann ein Kind imstande ist, sich in andere hineinzuversetzen. Beispielsweise zeigt man ihm eine Folge von Bildern mit einer Familienszene.

Bild 1: Eltern sitzen mit ihren Kindern am Tisch und basteln.
Bild 2: Mutter verlässt das Zimmer.
Bild 3: Vater steht auf und legt die Schere in die Schublade eines Schranks.

Bild 4: Vater verlässt das Zimmer.
Bild 5: Mutter kommt herein.

Die Frage an das Kind lautet: Wo sucht die Mutter die Schere?

Hat das Kind die Phase des kindlichen Egozentrismus überwunden, wird es antworten, dass die Mutter die Schere auf dem Tisch sucht. Denn es versteht, dass die Mutter, die ja draußen war, nicht über die Information verfügen kann, die es selbst als Betrachter hat. Es hat also begriffen, dass die Perspektive anderer Menschen nicht die gleiche ist, die es selbst hat.

Steckt ein Kind noch in der früheren Phase, wird es antworten, die Mutter werde die Schere in der Schublade suchen.

Normalerweise sollten wir bereits an unserem ersten Schultag zumindest eine schwache Ahnung davon haben, dass andere Menschen ein ganz eigenes Leben und damit auch eine andere Wahrnehmung als wir haben. Bis dahin haben wir einige Dinge gelernt, die uns zunächst höchst verwirrend erschienen. Beispielsweise die unglaubliche Tatsache, dass unsere Mama nicht immer eine Mama war, sondern dass auch sie einmal ein Kind war, und, noch verrückter, dass unsere Oma wiederum ihre Mama ist. Langsam begreifen wir, dass die Welt komplett anders aussieht, je nachdem, aus wessen Augen wir sie betrachten.

Dennoch laufen uns pausenlos Menschen über den Weg, die diesen Entwicklungsschritt offenbar ausgelassen haben.

Zurzeit ist im Werbefernsehen der Chef einer bekannten italienischen Kaffeerösterei zu sehen, der auf die Frage, was sein

Vater ihm mit auf den Lebensweg gegeben habe, antwortet, der Vater habe gemeint: Im Leben geht es immer um Geschmack.

Halten Sie mich nicht für eine Zynikerin, aber ich kann mir durchaus vorstellen, dass manch ein Minenarbeiter in Südamerika oder manch eine Näherin in Bangladesch dem nicht unbedingt zustimmen würde. Deren Lebensmotto würde wohl eher heißen: Im Grunde geht es immer ums Überleben.

Auch in der psychotherapeutischen Praxis erleben wir Therapeuten es immer wieder, dass Patienten zu Beginn einer Behandlung der festen Überzeugung sind, im Grunde gehe es im Leben immer nur um eins. Um Macht beispielsweise, oder um Sex, um Geld, um Fressen oder Gefressenwerden. Wir hoffen dann, dass es uns gelingen wird, ihnen im Laufe der Therapie zu vermitteln, dass das Leben doch etwas vielschichtiger ist, als es sich ihnen darstellt, und vor allem, dass für die Menschen, mit denen sie zu tun haben, andere Dinge vielleicht erheblich wichtiger sind. Wir versuchen, ihnen deutlich zu machen, dass ihre inneren Archive aufgrund ihrer höchsteigenen Erfahrungen möglicherweise etwas einseitig bestückt sind und dass eine Erweiterung zu mehr Lebensqualität beitragen könnte. Zu Beginn begnügen wir uns mit dem Wissen, dass die Patienten mit ihrer geäußerten Überzeugung eine wichtige Aussage darüber getroffen haben, welcher Art die Brille ist, durch die sie die Welt betrachten.

BEOBACHTEN Sie einmal sich selbst und die Menschen in Ihrer Umgebung daraufhin, welches Lebensmotto sie wohl haben könnten.

Kennen Sie den Witz mit Fritzchen und der Fliege?

Fritzchen hat für den Biologieunterricht die Anatomie der Fliege gelernt. Allerdings hat er offenbar etwas falsch verstanden, denn am nächsten Tag kommt stattdessen der Elefant dran. Fritzchen wird aufgerufen und soll etwas über die Anatomie des Elefanten erzählen. Er sagt: »Elefanten sind große Tiere. Auf ihnen sitzen häufig Fliegen. Fliegen haben sechs Beine, Facettenaugen und ...«

... und schon ist Fritzchen bei seinem ganz eigenen Thema, dem einzigen, das er beherrscht.

Dass unterschiedliche Menschen sehr unterschiedliche Lebensthemen haben, ist eigentlich einleuchtend. Dennoch ist die Welt voller Menschen, die mit nahezu missionarischem Eifer versuchen, den Rest der Welt davon zu überzeugen, dass ihr ganz persönliches Motto das einzig allgemein gültige sei und dass es beim Thema Elefanten im Grunde genommen doch immer um die Fliege geht.

Es ist verblüffend bis erschreckend, wie wenige Schritte Menschen brauchen, um im Forumsbereich einer Onlinezeitschrift von jedem beliebigen Thema auf ihr spezielles Lebensmotto zu kommen. Oft hat man den Eindruck, dass es vielen schwerfällt, überhaupt zu erkennen, um welches Thema es geht, denn sie nehmen es im Sinne eines *Ach übrigens, dazu fällt mir ein ...* lediglich als Ausgangspunkt, um sofort bei ihrer persönlichen Sicht der Welt zu landen. Hätte man sich das früher bei einem Aufsatz erlaubt, hätte die Lehrerin »Thema verfehlt!« darunter geschrieben.

Machen Sie sich einmal den Spaß und lesen Sie im Internet einen beliebigen Diskussionsthread zu einem beliebigen

Thema daraufhin durch, welches wohl das spezielle Fritzchenthema zumindest einiger der Poster ist.

So habe ich heute Morgen einen netten Bericht über einen verhaltensauffälligen Storch gelesen, der in einer Einhundert-Seelen-Gemeinde sein Unwesen treibt. In der anschließenden Diskussion gewann ein Poster mühelos meinen jeden Tag aufs Neue insgeheim ausgesetzten Preis für den Themenhopper des Tages. Er meinte, jetzt kämen doch bestimmt gleich die Psychologen ins Forum, um sich mit dem Seelenleben des Tieres zu befassen. Er beendete seine Einlassungen mit der Aufforderung: »Also, Scharlatane, meldet euch!«

Praktisch im Flug von der Ornithologie aufs Therapeutenbashing – Respekt.

Neulich habe ich im Internet einen Bericht über eine Hochzeit in den USA gelesen, auf der überraschend Taylor Swift auftauchte. Die Schwester des Bräutigams hatte sie angeschrieben und erzählt, die standesamtliche Trauung habe am Totenbett der Mutter stattgefunden, und Bräutigam und Mutter hätten zusammen ein letztes Mal ein Lied von Taylor Swift gesungen. Bei der Hochzeitsfeier, die einige Wochen später stattfand, kam die Sängerin als Überraschungsgast und sang genau dieses Lied.

Man kann schon erraten, welche Reaktionen im Netz kamen. Die, deren Lebensthema ist: *Menschen sind immer auf ihrem Vorteil bedacht,* meinten, die Sache sei nur ein eiskalt geplanter PR-Coup gewesen. Andere fanden das Ganze einfach nur sehr nett.

Ich würde mich nicht trauen zu beurteilen, wie es wirklich war. Aber ich gehe davon aus, dass bei Promis, die dergleichen tun, jede Variante möglich ist. Manchen geht es vielleicht wirklich nur um die PR. Anderen womöglich tatsächlich darum, jemandem eine Freude zu machen, vielleicht um etwas von dem abzugeben, von dem sie sich manchmal fragen, ob sie es wirklich verdient haben, oder weil sie sich an ähnliche Situationen in ihrem eigenen Leben erinnert fühlen. Bei den anderen wird sich die Motivation zu unterschiedlichen Teilen aus alldem zusammensetzen.

Menschliche Eigenschaften und Verhaltensweisen unterliegen nun mal in der Regel der sogenannten statistischen Normalverteilung. Sie sieht aus wie eine Glocke mit zwei dünnen Enden und einem riesigen Berg in der Mitte. Das bedeutet, dass stets nur einige wenige extreme Werte in der einen oder anderen Richtung liegen und die allermeisten irgendwo dazwischen. Das entlarvt jedes »alle Menschen sind ...« schlicht als Quatsch. »Alle Menschen sind sterblich« lässt die Wissenschaft gerade noch so durchgehen, bei allen anderen Verallgemeinerungen ist sie strenger.

Um Fakten geht es bei Meinungen also häufig nicht, sondern um tief verwurzelte Gefühle. Die sind in der Regel umso stärker, je ältere Wurzeln sie haben. Oder, umgekehrt gesagt, wenn Psychologen auf ein sehr heftiges Gefühl stoßen, können sie meist davon ausgehen, dass es schon seit den ersten Lebensjahren des Betreffenden existiert. Wir wissen alle, um wie viel heftiger und absoluter ein Gefühl ist, solange ein Kind noch klein ist. Freude ist riesengroß, aber auch Schmerz oder der Wunsch, etwas besitzen zu wollen. Solange wir klein sind, hinterfragen wir diese Gefühle nicht. Sie brauchen keine Berechtigung, sie sind einfach da.

Allerdings sind sie nicht selbsterklärend. Auch beim Erwachsenen sind sie zunächst nur diffuse Empfindungen, die wir erst einordnen müssen. Fast alle Menschen waren schon einmal verliebt und wissen, dass es lange dauern kann, bis man den in sich wabernden Gefühlen den Stempel *Ich glaub, ich bin verliebt!* aufdrücken kann. Manchmal merkt das die Umgebung sogar erheblich schneller als man selbst.

Wir brauchen Erklärungen für unsere Gefühle, und das ist auch gut so. Eine Welt, in der jeder wie ein kleines Kind von seinen Gefühlen überflutet wird, würde nicht funktionieren. Psychisch gesunde und reife Erwachsene leben ihre Gefühle nicht einfach ungefiltert aus, sondern haben den Wunsch, sie zu identifizieren und zu benennen.

Man wacht morgens auf und hat im ersten Moment ein dunkles Gefühl, das da ist, noch bevor man registrieren kann, auf welchem Planeten man erwacht ist. Erst dann begreift man: Scheiße, ich habe gestern meinen Job verloren.

Dass unsere Persönlichkeit, unsere Einstellung zu uns selbst, zu anderen und zur Welt im Allgemeinen, sich schon sehr früh bildet, ist für die Hirn- und Bindungsforscher mittlerweile ein alter Hut. Trotzdem ist dieses Wissen für sehr viele Menschen komplett neu. Das macht sie anfällig dafür, auf ihre eigenen uralten Erklärungsversuche für ihre Gefühle hereinzufallen. Denn die Zusammenhänge sind unbewusst. Die nun – zumindest körperlich – Erwachsenen haben nach wie vor ihre heftigen Gefühle, ordnen sie jedoch nicht dort ein, wo sie hingehören.

SICHER haben Sie, wie jeder Mensch, mitunter plötzlich ein Gefühl, das so heftig ist, dass es Sie selbst überrascht, sei es Wut, Ablehnung oder auch Begeisterung. Überlegen Sie, ob es möglicherweise mit einem Ihrer sehr alten Lebensthemen zu tun haben könnte.

Wenn Sie nicht früh gelernt haben, neugierig auf Unbekanntes zu sein, werden Sie Eingriffen in Ihre ganz persönliche Realität starken Widerstand entgegensetzen und werden Gegebenheiten, die Sie sich aufgrund Ihrer Erfahrungen nicht vorstellen können, schlicht und einfach leugnen. Wenn Sie Pech haben – oder vielmehr Ihre Umgebung –, werden Sie Verschwörungstheoretiker und basteln sich eine Welt zurecht, die zwar mit den Fakten nicht viel zu tun hat, aber am besten zu Ihren Gefühlen passt.

Verschwörungstheorien sind die hartnäckigste Form des kindlichen Egozentrismus.

Ihre ganz eigene gefühlte Realität speist sich aus Ihren Lebenserfahrungen. Haben Sie früh gute Erfahrungen gemacht, werden Sie die Welt eher mit freundlichen Augen sehen, haben Sie das nicht, werden Sie sie vermutlich misstrauisch beäugen und nicht viel Gutes von ihr erwarten. Durch diesen Filter werden Sie wahrnehmen, was geschieht und wie es Ihnen präsentiert wird. Haben Sie gelernt, dass Sie Menschen vertrauen können, werden Sie davon ausgehen, dass es unterschiedliche Menschen gibt, die ihren Job mehr oder weniger gut machen, dass wahrscheinlich aber jeder von denen zumindest an das glaubt, was er tut, selbst wenn dieser Glaube dem Ihren komplett zuwiderläuft. Sie werden davon ausgehen, dass unter diesen Menschen sicher auch einige nette sind, die es gut mit anderen meinen.

Haben Sie hingegen gelernt zu misstrauen, weil Sie von der Welt früher nichts Gutes erwarten durften, werden Sie alles um Sie herum eher durch diesen Filter wahrnehmen.

Sie werden sich selbst als Opfer empfinden und davon ausgehen, dass man Menschen grundsätzlich misstrauen muss. Aus psychologischer wie aus evolutionsbiologischer Sicht ist diese Annahme Unsinn, aber auch das ist Ihnen egal, denn die ganzen Wissenschaftler gehören ja sowieso der »großen Verschwörung« an.

Natürlich wäre es naiv zu glauben, dass alle Politiker auf der ganzen Welt für jeden einzelnen Bürger immer nur das Allerbeste im Sinn haben. Das kann nicht sein, denn es sind Menschen, fehlbar und mit Stärken und Schwächen. Die Gegenposition, alle Politiker seien grundsätzlich korrupt, verschlagen und egoistisch, ist allerdings mindestens genauso naiv, denn sie übersieht grundlegende Erkenntnisse darüber, wie unterschiedlich wir sind und was dazu geführt hat, dass wir so unterschiedlich sind. Jemand, der grundsätzlich misstrauisch und der Meinung ist: *Die da oben machen doch sowieso, was sie wollen,* hat nach Ansicht von Psychologen eben nie die Erfahrung gemacht zu unterscheiden, wem man vertrauen kann und wem nicht, denn er hat nie einem Menschen vertrauen können.

Eben weil Psychologen – vor allem Tiefenpsychologen – den lebensgeschichtlichen Wurzeln dessen nachspüren, was unsere Persönlichkeit ausmacht, wurde ihnen mitunter vorgeworfen, unpolitisch zu sein oder Menschen zu entpolitisieren und ihre Beschwerden zu individualisieren. Mit anderen Worten: Psychologen würden Probleme, unter denen Menschen leiden, *immer* auf deren Lebensgeschichte zurückführen statt auf gesellschaftliche Missstände. Ich bin der Meinung, dass der lebensgeschichtliche Aspekt zwar nur einer unter vielen ist, dass er aber keinesfalls vernachlässigt werden darf.

Es hat etwas geradezu Tragisches, wenn beispielsweise ein Journalist immer wieder in Kommentaren oder Talkshows vollmundig eine bestimmte Weltsicht vertritt und man bereits nach einem oberflächlichen Blick auf seinen Lebenslauf ahnen kann: *Daran also arbeitest du dich ab.* Da wurde jemand beispielsweise von seiner (in diesem Fall zufällig berufstätigen) Mutter vernachlässigt und vertritt darum öffentlich wider alle Untersuchungen vehement die Meinung, die Berufstätigkeit von Müttern sei grundsätzlich verantwortungslos.

Ein extremes Beispiel für diese früh geprägte und stark eingeschränkte Weltsicht ist der norwegische Massenmörder Anders Breivik, dessen Vater die Familie schon früh verließ und den Sohn einer Mutter überließ, die ihr Kind verabscheute und daraus keinen Hehl machte. Schon als kleinem Jungen wünschte sie ihm in seiner Gegenwart den Tod. Der Sohn hasste alle, die wie seine Eltern Sozialdemokraten waren, tötete in Oslo acht Menschen und brachte danach auf der Insel Utøya neunundsechzig Jugendliche um, Teilnehmer eines Ferienlagers der Jugendorganisation der sozialdemokratischen Arbeiterpartei. Bis heute ist er fest davon überzeugt, seine Sicht auf die Welt, der zufolge alle Sozialisten vernichtet werden sollten, sei die einzig wahre, und das Ganze habe mit seiner Lebensgeschichte absolut nichts zu tun.

Tiefenpsychologen erkennen in diesem Fall noch eine weitere Ebene, denn oft haben wir mehrere Gründe, etwas zu tun, was die Sache nicht einfacher macht. Indem Breivik die Jugendlichen tötete, rächte er sich nicht nur an den Eltern. Unbewusst setzte er auch den Todeswunsch seiner Mutter ihm gegenüber in die Tat um, indem er die Kinder sozialdemokratischer Eltern tötete.

Es ist nicht einfach, die eigenen Lebensthemen zu erkennen und davon das abzuziehen, was Ausdruck der ganz individuellen Lebensgeschichte und ihrer Prägungen ist. Gelingt es, kann das, was übrig bleibt, einen viel größeren Anspruch auf Allgemeingültigkeit erhalten. Je einseitiger und undifferenzierter eine Meinung ist, desto mehr kann davon ausgegangen werden, dass jemand hier nicht Informationen gesammelt und daraus seine Folgerungen gezogen hat. Vielmehr wird alles durch eine Brille gesehen, die bereits aufgesetzt wurde, lange bevor man anfangen konnte, differenziert zu denken und zu begreifen, dass es andere Sichten auf die Welt gibt als die eigene.

Hirnforscher können mittlerweile durch Gehirnscans sogar einigermaßen genau vorhersagen, wie unsere Wahlentscheidung wohl ausfallen wird. Unsere frühen Erfahrungen wirken sich schließlich auf die Hirnentwicklung aus und lassen manche Bereiche sich stärker, andere weniger stark entwickeln.

Wo Sie Ihr Kreuzchen machen, ob Sie überhaupt wählen gehen, ob Sie sich vorher über Wahlprogramme informieren oder rein nach Gefühl entscheiden, hat tatsächlich recht wenig mit bewussten Entscheidungen zu tun, sondern vielmehr mit Ihrer Persönlichkeit. Sind Sie jemand, der schon früh Gerechtigkeit erfahren und schätzen gelernt hat, werden Sie eher einer Partei Ihre Stimme geben, die Gerechtigkeit für alle verspricht. Sind Sie früh frustriert worden und haben schon als Kind mit Aggressionen darauf reagiert, suchen Sie sich wahrscheinlich eher eine politische Gruppierung aus, die Ihnen die Möglichkeit gibt, Ihren Hass ausleben zu können und die Ihnen darüber hinaus beteuert, Sie seien etwas ganz Besonderes und anderen überlegen.

Manchen Menschen bereitet diese Vorstellung Unbehagen, und sie finden es deprimierend, dass wir anscheinend so wenig Wahlfreiheit haben und in unserem Handeln derart festgelegt sind.

Ich empfinde genau das Gegenteil. Ich bin der Meinung, dieses Wissen weitet den Blick. Wenn wir begreifen, dass es Gründe gibt, warum wir genau so sind, wie wir sind, bewahrt uns das davor, unsere Einstellung für die allein selig machende zu halten, und hilft uns zu verstehen, dass andere ebenso ihre Gründe haben, so zu sein, wie sie sind.

Blau ist grün und schwarz ist gold

Dass wir die Welt unterschiedlich erleben, fängt schon mit der Wahrnehmung an, damit wie unsere Sinnesorgane gestaltet sind und wie wir deren Eindrücke verarbeiten. Dass Tiere Farben anders sehen als wir, wissen die meisten Menschen mittlerweile. Aber auch Menschen nehmen Farben völlig unterschiedlich wahr, und zwar nicht nur die, die beispielsweise unter einer Rot-Grün-Schwäche leiden.

Mit dem Stamm der Himba in Namibia, die relativ abgeschieden vom Rest der Welt als halbnomadische Viehzüchter leben, wurde einmal ein interessanter Versuch durchgeführt. Man zeigte ihnen einen Kreis, der aus elf exakt gleich grünen und einem hellblauen Quadrat bestand und bat sie, das Quadrat herauszusuchen, das sich von den anderen unterschied. Es war ihnen nicht möglich. Für uns ist der Unterschied vollkommen eindeutig, aber für die Himba offensichtlich nicht wahrnehmbar. Andererseits waren sie in der Lage, aus einem Kreis, bei dem alle grünen Quadrate für uns völlig gleich aussehen, mit absoluter Zielsicherheit das herauszusuchen, das um eine minimale Nuance heller ist.

(Wenn Sie in die Suchfunktion Ihres Computers *Himba* und *Farben* eingeben und auf *Bilder* gehen, können Sie die beiden Farbkreise sehen.)

Viele Menschen empfinden die Vorstellung, dass wir nicht alle die Welt auf dieselbe Art wahrnehmen, als gruselig, als entdeckten sie plötzlich, dass sie mutterseelenallein im Universum sind. Ganz so ist es nicht. Dennoch: Niemand sieht die Welt genauso wie Sie. Dem Ideal der absoluten Symbiose kommen sicher eineiige Zwillinge am nächsten. Der Rest von uns kann nur immer wieder hoffen, Momente des Gleichklangs mit einem anderen Menschen zu erleben. Doch grundsätzlich müssen wir davon ausgehen, dass wir mit unserer Sichtweise ziemlich allein dastehen. Mitunter wird uns das sehr plötzlich sehr deutlich, und für manche ist das ein Schock.

Vielleicht erinnern Sie sich an die Sache mit dem zweifarbigen Kleid, das durch die Medien ging? Einige sahen das Foto des besagten Kleides, stellten fest, dass es blau und schwarz war, riefen ihren Partner und erzählten ihm: »Guck mal, hier steht, es gibt tatsächlich Leute, die der Meinung sind, das Kleid ist weiß und gold!« Und der Partner antwortete irritiert: »Klar, ist es ja auch.«

(Geben Sie *blau schwarz Kleid* in die Suchfunktion ein und Sie können es ausprobieren.)

Angeblich sollen an dem Disput über dieses Foto Beziehungen zerbrochen sein. Mein Mann und ich gehörten übrigens auch verschiedenen Fraktionen an. Dass es nicht zum Streit kam, hat wahrscheinlich damit zu tun, dass wir beide naturwissenschaftlich denken. Wenn wir auf ein unerklärliches Phänomen stoßen, werden wir normalerweise eher neugierig als wütend. Das änderte jedoch nichts daran, dass auch ich zunächst kaum glauben konnte, dass andere Menschen – und sogar mein eigener Mann – Farben, die für mich absolut eindeutig waren, völlig anders interpretierten.

Natürlich bezieht sich die unterschiedliche Sicht der Welt nicht nur auf den Bereich der Wahrnehmung optischer Eindrücke. Richtig spannend wird es, wenn es um den Umgang mit anderen geht.

Kürzlich berichteten die Medien über eine Bäckerei im französischen Dole. Der zweiundsechzigjährige Bäcker hatte lange vergebens nach einem Nachfolger für sein Geschäft gesucht. Er glaubte, ihn in dem Obdachlosen gefunden zu haben, der jeden Tag vor seinem Laden bettelte und dem er jeden Morgen ein Croissant und einen Kaffee ausgegeben hatte. Als der Bäcker eines Tages durch einen defekten Ofen eine Kohlenmonoxidvergiftung erlitt, war es der Bettler, der Hilfe holte. Kaum wieder zurück aus dem Krankenhaus, bot der Bäcker dem Mann zunächst an, für ihn zu arbeiten, und schließlich, nach vollendeter Ausbildung, für einen Euro die Bäckerei zu kaufen. Beide waren mit dem Handel überaus zufrieden.

Mir war eher mulmig, als ich die Geschichte las, denn ich ahnte, dass das nicht funktionieren würde.

Es dauerte gerade mal eine Woche, da meldeten die Medien, der Bäcker habe seinen Lehrling gefeuert, kurz vor Unterzeichnung des Übergabevertrags. Seine Begründung war, der Mann habe eine Journalistin am Telefon als Nutte bezeichnet, sei »besoffen wie ein Schwein« gewesen und habe auch noch gekifft. Als der Bäcker ihn daraufhin zur Rede gestellt habe, sei es zu einem heftigen Streit gekommen.

Das alles nur, weil der Mann sich, nach allem, was über ihn zu erfahren war, genau so verhielt, wie er es fast sein ganzes Leben lang getan hatte.

2012 war schon einmal die Geschichte des Scheiterns einer scheinbar guten Tat bekannt geworden. Ein New Yorker Polizist hatte einem Obdachlosen, der bei zehn Grad mit nackten Füßen auf der Straße saß und bettelte, ein paar Winterstiefel und Socken gekauft. Der Polizist wurde als »Engel in Uniform« weltweit gefeiert. Bald darauf stellte ein Reporter fest, dass der Bettler wieder barfuß unterwegs war. Er gab an, er habe die Schuhe versteckt. Da sie viel wert seien, habe er Angst gehabt, ihretwegen umgebracht zu werden. Er erzählte, bereits früher habe eine Frau ihm Schuhe geschenkt, und auch die habe er nie getragen.

Geschichten wie diese lassen viele Menschen ratlos zurück. Menschen, die davon ausgehen, dass alle genauso ticken wie sie selbst. Jemand, der kein Dach über dem Kopf und keine Beschäftigung hat, braucht ein Zuhause und einen Job. Wer nackte Füße hat, braucht Schuhe. Wer Pech im Leben hatte, braucht nur eine zweite Chance.

Leicht kommen diese Menschen dann auf die Idee, wer solche Chancen nicht nutze, sei einfach undankbar. In Wahrheit entstehen Geschichten wie diese, die mit Enttäuschungen auf beiden Seiten enden, dadurch, dass jemand ausschließlich aus seiner eigenen Sicht der Welt heraus handelt.

GEHEN Sie nicht davon aus, dass alle so ticken wie Sie. Interessieren Sie sich für den anderen. Holen Sie so viele Informationen wie möglich ein. Stellen Sie Fragen.

Jeder von uns ist eine andere exotische Sorte von Tier, die erst kennengelernt werden muss, damit es nicht zu Enttäuschungen kommt. Das kann in dem geschilderten Fall – wie in vielen anderen Fällen in ganz anderen Bereichen – geschehen, indem man schlicht und einfach mal nachfragt.

Wäre der junge Polizist nicht schnurstracks in den nächsten Laden gelaufen und hätte Stiefel gekauft, sondern sich stattdessen zu dem Mann gesetzt und sich erkundigt, was er für ihn tun könnte, hätte er mit Sicherheit eine andere Antwort bekommen als »Mein Herzenswunsch sind neue warme Stiefel«, und wir hätten nie von den beiden erfahren.

Hätte der Bäcker nicht seine ganz persönliche Enttäuschung, dass niemand sein Lebenswerk fortführen möchte, zur Basis seines Handelns gemacht, hätten wir ebenfalls nie von ihm und seinem Clochard erfahren.

Selbst wer seit längerer Zeit mit Obdachlosen arbeitet, ist vor solchen Fehleinschätzungen nicht gefeit. Vor einigen Jahren – es gab noch die D-Mark und öffentliche Telefonzellen – habe ich einmal einen Bericht über einen Sozialarbeiter gesehen, der einem Obdachlosen eine Wohnung besorgt hatte. Nur ein einziger Schritt trennte den Mann von einem Dach über dem Kopf. Der Sozialarbeiter drückte ihm fünfzig Pfennig in die Hand, da der Vermieter lediglich zur Bedingung gemacht hatte, dass der potenzielle neue Mieter ihn selbst anrufen sollte. Einige Stunden später musste er feststellen, dass der Mann es noch nicht geschafft hatte, den Anruf zu tätigen. Warum, konnte der nicht sagen.

Die wenigen Untersuchungen, die sich mit der psychischen Verfassung Obdachloser in Deutschland beschäftigen, können dazu eher Erhellendes beitragen. Sie besagen, dass weit über die Hälfte dieser Menschen unter schweren psychischen Störungen leidet. Sie haben nicht einfach nur ihren Job verloren oder konnten die Miete nicht mehr zahlen, sondern sie waren meist schon vorher nicht imstande, die Aufgaben des Lebens zu meistern. Wenn man ihnen wirklich helfen möchte, muss der Ansatz also ein völlig anderer sein als die berühmte »zweite Chance«.

Natürlich sollen diese Menschen Chancen bekommen, immer wieder. Aber nicht solche, die sie überfordern, sondern solche, die akzeptieren, dass es sich um Menschen mit früh beschädigten Psychen handelt.

Das Allerwichtigste wäre natürlich, ihnen dann beizustehen, wenn sie es am meisten brauchen und wenn sie am hilflosesten und völlig ausgeliefert sind, nämlich in ihrer Kindheit. Sie kommen in der Regel aus chaotischen Familien, haben Gewalt und Vernachlässigung erlebt. Es handelt sich also fast immer um Menschen, die haltlos gebunden sind. Meines Erachtens haben wir als Gemeinschaft die Verantwortung dafür, dass solchen Kindern früh geholfen wird, und da, wo wir versagt haben, sind wir dafür verantwortlich, dass es ihnen als Erwachsenen zumindest einigermaßen gut geht.

Dafür müssen wir mit ihnen sprechen, ihre Wünsche erfahren und möglicherweise neue Formen des Lebens für sie finden, die ihnen angemessen sind.

Aber es ist wenig hilfreich, sich zu verhalten wie die ältere Dame, die einem Bettler ein Geldstück in die Hand drückt mit der mahnenden Aufforderung, sich dafür aber auch bestimmt etwas zum Essen zu kaufen und es ja nicht zu vertrinken.

Übrigens: Auch in völlig anderen Bereichen ist es hilfreich, sich vorstellen zu können, wie andere denken. Zum Beispiel bei der Suche im Internet.

Ein schlechter Googler formuliert seine Frage, gibt die wichtigsten Bestandteile davon ein und wundert sich, wenn er nichts Relevantes findet.

Ein guter Googler fragt sich, was wohl die am häufigsten benutzten Begriffe all derer sind, die sich die gleiche Frage auch schon einmal gestellt haben, und wird damit in der Regel fündig.

Ein schlechter Handbuchschreiber arbeitet der Reihe nach ab, was das entsprechende Produkt alles kann, und erklärt es dann im Detail.

Ein guter Handbuchschreiber überlegt sich, wie jemand, der vielleicht noch nie ein Produkt dieser Art besessen hat, auf Anhieb kapieren kann, wie es funktioniert.

Ein schlechter Existenzgründer macht sein Hobby zum Beruf und beschimpft die böse Welt, wenn er seinen Laden nach einem Jahr schon wieder dichtmachen muss.

Ein guter Existenzgründer prüft vorher, wie groß die Wahrscheinlichkeit ist, dass irgendjemand sich an dem geplanten Standort für sein Produkt interessiert und auch bereit ist, Geld dafür auszugeben. Und zwar so viel, dass es für das Leben eines Erwachsenen reicht, der nicht mehr bei Mama wohnt.

Die Vorstellung, im Kontakt mit anderen ständig die Perspektive wechseln zu müssen, mag mühsam erscheinen. Das ist es allerdings nicht für diejenigen, die es bereits früh gelernt haben, indem ihre Neugier auf die Welt befriedigt wurde.

Ihnen ist es in Fleisch und Blut übergangen und geschieht automatisch. Für die anderen ist es tatsächlich anstrengend und teilweise auch schwer zu akzeptieren, dass ein und dasselbe Thema so viele Facetten haben kann.

Ein Beispiel, bei dem ich regelmäßig auf diese Grenzen stoße, sind Taten, bei denen andere verletzt werden. Egal, ob es sich dabei um Untreue oder um Massenmord handelt: Psychologen haben Erklärungen dafür gefunden, warum manche Menschen nicht treu sein können oder andere ohne jegliches Mitgefühl töten. Was nichts daran ändert, dass viele Menschen den Unterschied zwischen Erklärung und Entschuldigung einfach nicht verstehen wollen.

Ein Verbrechen, das Menschen fassungslos macht, ist geschehen. Mit der Zeit kommen immer mehr Details über das Leben und die psychische Verfassung des Täters ans Tageslicht, und zumindest aus psychologischer Sicht ist der Fall damit abgeschlossen. Aber dann taucht plötzlich in der Zeitung der Satz auf: »Warum er das getan hat, werden wir wohl nie begreifen.«

Für Psychologen bedeutet dieser Satz übersetzt so etwas wie: »Ich möchte es lieber bei einem oberflächlichen Unverständnis belassen, als in die Abgründe anderer Leute und damit womöglich auch meine eigenen zu schauen.«

Es erscheint vielen Menschen absolut unverständlich, dass es *gleichzeitig* mehrere Perspektiven geben kann. Auch ein Psychologe kann jemanden hassen, der Schlimmes getan hat, und sich in seiner Fantasie die fürchterlichsten Strafen für ihn ausmalen. Aber er kann zugleich sehen, dass jede Tat eine Ursache hat, die mit der individuellen Geschichte des Täters zusammenhängt. Und das bedeutet nicht, den Täter dadurch zu entschuldigen.

Manche Menschen bekommen es nicht in den Kopf, dass jemand etwas tut, was für sie selbst unvorstellbar wäre, und dass es trotzdem Erklärungen dafür gibt.

Ja, der Plural ist hier Absicht, obwohl es anscheinend für viele nur eine einzige Perspektive geben darf. Tagelang wird diskutiert: *War die Tat politisch motiviert, oder hatte der Täter eine psychische Störung?*

Es gibt kein Entweder-oder. Auch hier gilt die statistische Normalverteilung. Am einen Ende liegt der psychisch und geistig völlig gesunde Täter, der nach langem Studium aller zur Verfügung stehenden Fakten beschlossen hat, einen Tyrannen zu ermorden, der sein Volk unterdrückt, und den die Geschichtsschreibung auch tausend Jahre später noch als Held feiert. Kommt nicht so oft vor, oder?

Am anderen Ende der Normalverteilung läge ein Mörder, der sehr schwer psychisch gestört ist und der sich keine Minute seines Lebens mit politischen Zusammenhängen beschäftigt hat.

Alle anderen, bei denen die Frage *psychisch gestört oder politisch motiviert* gestellt wird, liegen irgendwo dazwischen, weil sich beides mischt. Die Frage wird sich nur deshalb nie beantworten lassen, weil sie falsch gestellt ist.

Auch wenn eine Tat monströs und unfassbar grausam war, bedeutet das nicht, dass die Erklärung nicht scheinbar banal sein kann.

Eine andere Vereinfachung bei Taten, die uns fassungslos machen, ist die Sache mit dem sogenannten Bösen. Ich denke nicht, dass es uns weiterbringt, mit Pseudo-Erklärungen zu operieren wie »das Böse wird es immer geben, es ist Teil von uns«.

Früher hatte man es noch einfach. Für alles Schlimme, das auf der Welt geschah, war entweder der Zorn Gottes verantwortlich – oder der Satan. Menschen, die Schlimmes taten, hatten den Weg des Herrn verlassen und den Einflüsterungen des Teufels nachgegeben.

Allerdings gibt es die Geschichte mit dem allgegenwärtigen Bösen auch im vermeintlich naturwissenschaftlichen Gewand, in Form des Verweises auf die Grausamkeit der Natur. Der Löwe frisst das Gnu. Grausam. Allerdings ist das eine Zuschreibung, die wir Menschen diesem Akt geben. Es ist eine Wertung. Naturwissenschaftler werten nicht. Sie beobachten, beschreiben und versuchen zu erklären, wobei Letzteres oft nicht ganz einfach ist, denn die Welt ist nicht selbsterklärend. Wer das versucht, greift meist zu kurz.

Was mich ärgert an der Sache mit dem Bösen: Wer etwas für unbesiegbar hält, braucht nicht darüber nachzudenken, wie man es bekämpfen könnte. Damit vergibt man kostbare Chancen und opfert Menschenleben.

Dabei ist die Antwort vom heutigen Stand der Wissenschaft aus nahezu banal.

WENN ihr die Welt besser machen wollt, sorgt dafür, dass es den Menschen in ihren ersten Lebensjahren gut geht, dass sie sich geliebt und aufgehoben fühlen. Gebt ihnen Bildung, Bildung, Bildung und befriedigt ihre Neugier auf die Welt.

Kehren wir im folgenden Kapitel zurück in die Welt des ganz alltäglichen Wahnsinns, und schauen wir uns an, wie es sich auswirken kann, wenn jemand nicht auf die Idee kommt, dass der Berg von der anderen Seite aus betrachtet völlig anders aussehen kann.

Kein Schwein ruft mich an

Eine Freundin erzählte uns einmal, ihr Nachbar, den wir ein-, zweimal bei ihr getroffen hatten, sei sauer auf meinen Mann und mich. Er halte uns für arrogante Menschen, die offenbar deshalb auf ihn herabschauten, weil er nicht studiert habe. Wir waren erstaunt bis geschockt, denn wir stammen beide aus Familien, in denen man üblicherweise Arbeiter oder Handwerker war und in denen Akademiker eher eine Randgruppe bildeten. Wir hatten also wenig Anlass, auf Menschen herabzublicken, die nicht studiert hatten, und wir hätten dafür auch keinen Grund gesehen, da auch unser Freundeskreis keineswegs nur aus Akademikern besteht.

Wie Detektive versuchten wir gemeinsam mit der Freundin herauszufinden, wie ihr Nachbar auf diese Idee gekommen sein könnte. Auslöser war offenbar gewesen, dass er uns in der Stadt begegnet sei und dass wir ihn arroganterweise nicht gegrüßt hätten.

»Aber wir haben ihn nicht in der Stadt getroffen«, sagte ich ratlos.

Anscheinend war das doch der Fall gewesen, meinte die Freundin, denn er habe genau Tag, Stunde und Ort benennen können. Tatsächlich waren wir zur fraglichen Zeit dort unterwegs gewesen, hatten ihn aber nicht wahrgenommen.

Die Freundin konnte dann doch noch einige erhellende Fakten beisteuern. Vielleicht, so überlegte sie, hänge die Tatsache, dass wir ihn übersehen hatten, auch damit zusammen, dass es bereits ein halbes Jahr her sei, dass wir ihn zum letzten Mal getroffen hatten, dass er in dieser Zeit 20 Kilo abgenommen habe, sich einen Vollbart habe wachsen lassen und neuerdings eine Brille trage.

Für ihn waren wir Bekannte, aber er konnte – offenbar auch im Nachhinein – nicht die Perspektive wechseln und sich sagen: *Wenn mich nicht mal Leute, die mich eigentlich kennen, auf der Straße grüßen, dann war mein Umstylingprogramm offenbar tatsächlich sehr erfolgreich!*

Aber selbst wenn der Nachbar äußerlich noch der gleiche gewesen wäre wie ein halbes Jahr zuvor, hätte es viele Gründe geben können, warum wir ihn nicht wahrgenommen hatten. Beispielsweise hätte es sein können, dass einer von uns gerade in die andere Richtung schaute und der andere unter Prosopagnosie leidet.

Ich widme mich diesem Krankheitsbild etwas ausführlicher, weil es gar nicht so selten vorkommt und viele Betroffene es erleichternd finden, dass das Kind einen Namen hat. Es hilft darüber hinaus zu begreifen, dass es nicht zwangsläufig etwas mit Desinteresse zu haben muss, wenn man nicht wiedererkannt wird.

Unter Prosopagnosie versteht man die Unfähigkeit, menschliche Gesichter zu erkennen. Sie wird auch Gesichtsblindheit genannt, was keine sehr gelungene Bezeichnung ist, denn mit dem Sehvermögen hat die Sache nichts zu tun.

Früher hielt man das für eine extrem seltene Erkrankung, die durch eine Verletzung des Gehirns verursacht würde. Heute weiß man, dass zwischen einem und drei Prozent der Bevölkerung davon betroffen sind und dass sie häufig vererbt wird. Ein Großteil der davon Betroffenen weiß gar nicht, dass diese Beeinträchtigung einen Namen hat, sondern geht davon aus, dass es sich um eine persönliche Unfähigkeit handelt, derer man sich schämen müsse. Es gibt unterschiedliche Schweregrade; in extremeren Formen erkennen die Betroffenen auf der Straße selbst Verwandte oder den Ehepartner nicht wieder, manche noch nicht einmal ihr eigenes Spiegelbild.

Viele Menschen haben eine mildere Form von Prosopagnosie, die sich zum Beispiel darin äußert, dass sie Schwierigkeiten haben, jemanden wiederzuerkennen, wenn sie ihm an einem ungewohnten Ort begegnen. Das kann die Sprechstundenhilfe ihres Arztes oder ein Lehrer ihrer Kinder sein. Oft müssen sie sich dann geschickt durch einige Sätze der Konversation hangeln, bis ihnen dämmert, wer vor ihnen steht, manchmal über den Umweg: *Wen kenne ich denn, der so eine Frisur hat?* Mitunter auch, indem sie sich fragen, ob sie den Betreffenden mögen oder nicht und ob sie ihn eher öfter oder eher seltener getroffen haben. Erst wenn sie das eingegrenzt haben, macht sich die Erinnerung langsam auf den Weg.

Ein Kennzeichen dafür, dass Sie zumindest unter einer milderen Form der Prosopagnosie leiden, kann sein, dass Sie öfter Schwierigkeiten haben, Schauspieler eines Filmes in anderen Rollen wiederzuerkennen oder Schauspieler ein und desselben Films auseinanderzuhalten, wenn sie ähnliche Haarfarben und Frisuren haben. Über die Ursachen ist man sich noch nicht ganz einig, manche Forscher vermuten eine Störung im sogenannten fusiformen Gesichtsareal des Gehirns, das für die Gesichtserkennung verantwortlich ist. Einig ist man sich in dem Punkt, dass Gesichtserkennung generell eine äußerst diffizile Angelegenheit ist, da die Unterschiede zwischen Gesichtern oft nur minimal sind. Auch elektronische Gesichtserkennungssysteme haben ja ihre liebe Not damit, von einer gescannten Person auf ein gespeichertes Bild zu schließen. Prosopagnostiker behelfen sich wie erwähnt häufig damit, dass sie sich die Menschen beispielsweise anhand ihrer Frisuren merken. Tests, die Prosopagnosie erfassen sollen (und die in einfacher Form auch im Internet zu finden sind), verzichten bei den dargestellten Personen folgerichtig auf die Frisuren und testen lediglich, ob man imstande ist, ausschließlich das Gesicht von Stirn bis Kinn zu erkennen.

Oft beklagen Menschen sich, sie hätten irgendwo angerufen, seien aber unhöflicherweise nicht zurückgerufen worden.

Auch Therapeuten erleben das häufiger.

Aus Patientensicht sieht das so aus: Da hat man sich endlich dazu durchgerungen, eine Psychotherapie zu machen, hat einen Therapeuten angerufen, hat ihm auf den Anrufbeantworter gesprochen, und dann – nichts. Der ruft einfach nicht zurück. Was bildet der sich eigentlich ein?

Aus Therapeutensicht sieht das häufig so aus:

Grob geschätzt jeder fünfte neue Patient, der auf meinem Anrufbeantworter um einen Termin für ein Informationsgespräch bittet, wird von mir niemals zurückgerufen werden. Schlicht und einfach deshalb, weil er in der Aufregung vergessen hat, seine Telefonnummer zu hinterlassen. Von denen, die ihre Nummer so schnell durchgeben, dass ich die Nachricht mindestens dreimal anhören muss, um sie vollständig notieren zu können, rede ich dabei noch gar nicht. Ich rede von denen, die ihre Telefonnummer etwa wie folgt angeben: »Also, das ist die Null-Eins-Sieben-Fünf – Quatsch, nee, das war die alte, also nicht die Fünf, sondern die Sieben, Acht-Zwo- nee, Moment, ich muss selbst mal gucken, nicht die Zwo, sondern die Drei-Sieben und dann Elf-Sechzig und die Acht-Neun-Fünf- nee, doch nicht die Acht, sondern die Drei.«

Am Ende haben Sie eine Nummer, bei der Ihnen schwant, dass sie schon von der Anzahl der Ziffern her nicht stimmen kann, und tatsächlich teilt Ihnen nach dem Wählen eine monotone Stimme mit, es gebe unter dem, was Sie sich nach mehrmaligem Anhören zusammengebastelt haben, keinen Anschluss.

Bevor Sie sich also wieder einmal über Menschen aufregen, die Sie auf der Straße nicht gegrüßt oder die nicht zurückgerufen haben – fragen Sie doch einfach noch mal nach, woran es gelegen haben könnte.

Natürlich kann auch schlichte Desorganisation der Grund gewesen sein. Ich weiß nicht, wie oft ich bei einer Firma oder Behörde angerufen habe, weil ich auf eine Antwort oder einen Bescheid gewartet habe, und wie oft ich die Antwort gehört habe: »Ah, ich sehe gerade, es ist heute im Postausgang.« Irgendwann beginnt man zu begreifen, dass dieser Satz übersetzt bedeutet: »Ich habe keine Ahnung, was da passiert ist, aber bevor Sie anfangen, hier rumzunerven und Ärger zu machen, tu ich so, als sei es bereits erledigt.«

Wenn man etwas nicht versteht, was andere Menschen tun, sei es im Kleinen oder im Großen, ist die Ursache also in der Regel ein Mangel an Information.

Eine Bekannte erzählte mir von einer kleinen Begebenheit in der Straßenbahn. Sie hatte sich beim Einsteigen auf einen leeren Viererplatz (also zwei sich gegenüberstehende Zweierplätze) gesetzt. Zwei junge Mädchen, die hinter ihr eingestiegen waren, hatten es wohl ebenfalls auf diese Plätze abgesehen gehabt. Eine habe im Vorübergehen zur anderen laut und vernehmlich gesagt: »Ich werde nie begreifen, warum einer allein sich unbedingt auf einen Viererplatz setzen muss.«

Die Bekannte meinte, sie ärgere sich im Nachhinein darüber, dass sie beim Aussteigen nicht zu den beiden gegangen sei und gesagt habe: »Die Ursache von Nichtwissen ist in der Regel ein Mangel an Information.«

Wahrscheinlich hätten die Mädels nicht kapiert, was sie meint, aber sie hätte sich trotzdem besser gefühlt.

Was den Mädchen in dieser Situation fehlte, war folgende Information: Meine Bekannte hatte einige Zeit zuvor eine Knieoperation hinter sich gebracht. Mittlerweile lief sie wieder gut und ohne Krücken, hatte allerdings nach wie vor Probleme, wenn sie ihr Knie in einem Winkel von neunzig Grad oder darunter abwinkeln musste, mit anderen Worten, bei zu eng stehenden Sitzen. Der Vierersitz war der einzige Sitz, auf dem sie einigermaßen schmerzfrei sitzen konnte.

Natürlich konnten die jungen Frauen das nicht wissen. Und natürlich hätte die Ursache ebenso sein können, dass sich jemand hingesetzt hätte, der grundsätzlich seine eigenen Interessen über die anderer stellt.

AUCH wenn Sie sich über jemanden aufregen, gilt also: Urteilen Sie nicht vorschnell, sondern ziehen Sie zumindest ab und zu in Betracht, dass alles auch ganz anders sein könnte.

Im Internet grassiert zurzeit ein Zitat, das übersetzt etwa folgendermaßen lautet: *Jeder, den du triffst, kämpft einen Kampf, von dem du absolut nichts weißt. Sei freundlich.*

Menschen, denen es schwerfällt zu begreifen, dass andere Menschen in anderen Welten leben, begegnen Ihnen jeden Tag. Oft erkennen Sie sie daran, dass Sie sich über sie ärgern, oder, falls Sie weniger zu Wut, sondern eher zu depressiven Reaktionen neigen, daran, dass Sie sich nach einem Kontakt mit ihnen niedergeschlagen fühlen.

Das kann der Paketbote sein, der grundsätzlich Sturm läutet, obwohl Sie gar nicht so schnell an der Tür sein können. Mir ist völlig klar: Paketboten haben einen äußerst schweren Job und bekommen viel zu wenig Geld für ihre Arbeit. Ich beziehe mich hier lediglich auf die wenigen unter ihnen, die glauben, durch Sturmgeläut eine Art Teleportation bei ihren Kunden auslösen zu können.

In einer idealen Welt sollten Paketboten zum einen weniger unter Stress stehen und zum anderen mehr Geld verdienen. Aber sie sollten auch am ersten Tag ihrer Tätigkeit in einer Vier-Zimmer-Wohnung einen Parcours durchlaufen müssen, der im hintersten Zimmer damit beginnt, dass sie auf dem Sofa sitzen, einen Laptop auf dem Schoß haben, den sie auf ein Klingelzeichen erst absetzen – und die Datei darauf möglicherweise noch sichern – müssen, und während sie zur Tür hasten, ständig darauf achtend, auf keine der Katzen zu treten, die ebenfalls wissen wollen, warum es geklingelt hat. Wenn sie an der Tür sind, wird die Zeit gestoppt, und es wird ihnen eingebläut, dass sie bei ihren Kunden erst nach Ablauf dieser Zeit plus zehn Sekunden Zuschlag für Menschen, die alt oder krank sind oder unter der Dusche stehen, ein zweites Mal klingeln dürfen.

Wer unfähig ist, sich in andere hineinzuversetzen, ist kein besonders angenehmer Zeitgenosse. Besonders von Straftätern weiß man, dass sie meist nicht über diese Fähigkeit verfügen. Ich erwähnte bereits, dass gerade die Menschen, die als Kinder nur eine haltlose Bindung erlebt haben, damit später große Probleme haben.

Eine meiner Patientinnen hat das hautnah erfahren, nachdem sie Opfer eines bewaffneten Raubüberfalls geworden war.

Nach der Gerichtsverhandlung erzählte sie mir: »Das waren nichts als strunzdumme, armselige Würstchen, die da auf der Anklagebank saßen. Als ich erzählt habe, dass ich selbst jetzt, eineinhalb Jahre später, noch unter Ängsten und Schlaflosigkeit leide, dass ich meinen Job aufgegeben und eine Psychotherapie angefangen habe, fing der eine doch tatsächlich an zu heulen, und ein anderer meinte: ›Aber das haben wir doch alles nicht gewusst!‹«

Folglich geht es dort, wo Psychologen oder Seelsorger sich mit den Strafgefangenen beschäftigen, immer auch darum, ihnen begreiflich zu machen, was sie ihren Opfern angetan haben.

Dass das Schwerstarbeit ist, zeigt eine Untersuchung in englischen Gefängnissen. Demnach hielten die Häftlinge sich nicht nur für genauso gesetzestreu wie der Durchschnittsbürger, sondern sogar für ehrlicher, freundlicher und moralischer.

Spätestens wenn wir Kinder haben oder einen Beruf ausüben, in dem wir mit anderen Menschen zu tun haben, brauchen wir die Fähigkeit, uns in andere hineinzuversetzen.

Bei Kindern ist die beste Vorgehensweise, um ihnen beizubringen, dass es auch andere Perspektiven als die eigene gibt, viel in Kontakt mit ihnen zu sein, sich dafür zu interessieren, wie es ihnen geht, aber auch, ihnen deutlich zu machen, wie andere funktionieren und wo deren Grenzen sind. Beispielsweise, indem man ihnen klarmacht, dass der Stoffhase Aua kriegt, wenn man ihn immer wieder auf die Tischkante schlägt. Das ist zwar eine arbeits- und zeitintensive, aber gleichzeitig auch die billigste und zuverlässigste Variante.

Um Erwachsenen andere Perspektiven nahezubringen, muss man unter Umständen noch viel mehr Zeit und zusätzlich Geld investieren.

Untersuchungen besagen, dass für ein Kleinkind die Wahrscheinlichkeit, vernachlässigt oder misshandelt zu werden, umso größer ist, je jünger die Mutter ist. Das ist nicht wirklich verwunderlich, wenn man weiß, dass die Gehirnbereiche, die uns vor allzu impulsiven Handlungen bewahren, der sogenannte Präfrontale Kortex, erst mit Mitte zwanzig endgültig ausgereift sind. Für die Hirnforscher ist unsere Pubertät eigentlich erst dann zu Ende.

Niemand braucht Eltern, die ihre Impulse nicht unter Kontrolle haben. Es gibt also gute Gründe, Teenager davon abzuhalten, schwanger zu werden. Zwar nehmen Teenagerschwangerschaften zumindest nicht zu, auch wenn vielleicht der subjektive Eindruck entstehen mag. Nur ein Prozent der Schwangerschaften insgesamt tritt bei Teenagern auf. Da diese sehr jungen Mütter aber selten in der Lage sind, ihren Kindern die Art von Bindung anzubieten, die wünschenswert wäre, versuchen verschiedene Verbände wie beispielsweise Caritas oder Pro Familia Teenagerschwangerschaften dadurch zu verhindern, dass sie die Jugendlichen probehalber in die Situation von Säuglingseltern versetzen.

Sicher haben Sie schon von lebensechten, computergesteuerten Babypuppen gehört, die Teenager für einige Tage mit nach Hause bekommen. Diese Puppen schreien und wollen gefüttert, gewickelt und gekleidet werden. Und zwar rund um die Uhr.

Eigentlich eine gute Idee, allerdings streiten sich die Wissenschaftler derzeit noch darüber, ob dieses kostenintensive Vorgehen den Teenies eher die Lust aufs Kinderkriegen dauerhaft austreibt oder im Gegenteil sogar dazu führt, dass sie sofort ein echtes Baby haben möchten.

Ähnlich wie die Sache mit den Babypuppen funktioniert es auch, wenn man Menschen dazu bringen möchte, mehr Verständnis für die scheinbare Umständlichkeit und Langsamkeit älterer Menschen aufzubringen. Wichtig ist das natürlich bei allen, die im Bereich der Altenpflege arbeiten. So wird hier mitunter in der Ausbildung ein spezieller Anzug eingesetzt, der so raffiniert gearbeitet ist, dass er ziemlich exakt altersbedingte mangelnde Beweglichkeit, schlechtes Hören und Sehen samt Tunnelblick simuliert. So ausgestattet schickt man junge Menschen beispielsweise auf Einkaufstour in einen Supermarkt.

Schon verstehen sie sehr viel besser, warum die alten Leute manchmal mit ihren Einkaufswagen mitten im Weg stehen oder länger an der Kasse brauchen, um das benötigte Geld aus ihrem Portemonnaie zu fummeln.

In hartnäckigen Fällen muss man mitunter auch verschärften Druck ausüben, damit jemand imstande ist, zu begreifen, wie es auf der anderen Seite aussieht.

So wurde vor einigen Jahren in den USA ein Mann wegen rassistischer Äußerungen von einem einfallsreichen Richter dazu verknackt, einige Sonntage lang in die Messe in einer fast ausschließlich von Schwarzen besuchten Kirche zu gehen. Die Sache endete damit, dass er nach Ablauf dieser Auflage weiter jeden Sonntag dorthin ging. Weil er die Menschen nett fand und sich mit ihnen wohlgefühlt hatte.

Die Geschichte des bekehrten Rassisten klingt zwar schön, dennoch muss man unwillkürlich seufzen bei dem Gedanken: *Hättest du die Scheuklappen ein bisschen früher abgenommen, hättest du dir eine Gerichtsverhandlung erspart.*

Bevor wir im nächsten Kapitel zum Thema Liebe kommen, hier einige Beispiele dafür, dass Egozentrismus etwas ganz anderes ist als Egoismus. Das zeigt auch eine kleine Geschichte, die immer wieder gern von Therapeuten in der Paarberatung erzählt wird und die Sie vielleicht bereits kennen:

Ein Ehepaar, seit Jahrzehnten verheiratet, frühstückt wie jeden Morgen zusammen. Wie immer schneiden sie die Brötchen durch, der Mann bekommt die unteren Hälften, die Frau die oberen. Zum ersten Mal sprechen sie an diesem Tag über dieses Ritual.

»Wie sehr ich dich liebe, zeige ich dir ja auch jeden Tag, indem ich dir die Brötchenunterseite überlasse«, sagt die Frau. »Dabei mag ich die eigentlich viel lieber.«

»Und ich habe dir all die Jahre die Oberseite überlassen, weil ich dich liebe«, entgegnet der Mann. »Dabei mag ich die viel lieber.«

Das kann man wahlweise für rührend oder für tragisch halten, aber die Paartherapeuten wollen ihren Patienten mit dieser kleinen Geschichte sagen: *Leute, redet miteinander. Geht nicht davon aus, dass die Welt des anderen so aussieht wie eure eigene.*

Wem diese Geschichte etwas weit hergeholt erscheint: Es gibt im Alltag viele vergleichbare, banale und weniger banale. Hier zwei weniger banale.

Nehmen wir die Situation, dass jemand unverschuldet in Geldnot gerät und ein anderer, ein langjähriger guter Freund oder ein lieber Verwandter, ihm anbietet, ihm aus der Klemme zu helfen. Nicht, indem er ihm etwas leiht, sondern indem er ihm einen Geldbetrag schenkt. Ich rede nicht von Situationen, wo jemand sich auf diese Weise Freunde oder Sexualpartner erkaufen möchte. Das hat nichts mit Großherzigkeit zu tun, sondern entweder mit Einsamkeit oder mit Berechnung. Ich meine Situationen, in denen die beiden Menschen seit vielen Jahren sehr vertraut oder sogar miteinander verwandt sind. Der eine hat mehr Geld, der andere weniger, aber der zu Beschenkende will es nicht annehmen, weil er sich schämt.

Bevor eine beide Seiten enttäuschende Situation entsteht, hilft es auch hier, einfach mal die Sichtweise zu ändern. *Wie ginge es mir, wenn ich sehr viel mehr Geld hätte als jemand, der mir sehr nahesteht? Hätte ich nicht auch den Wunsch, ihm eine Freude zu machen? Oder vielmehr uns beiden?*

Sollten Sie in der Situation desjenigen sein, der etwas verschenken möchte, das der andere sich nicht traut anzunehmen, bitten Sie ihn, einmal die Perspektive zu wechseln und zu überlegen, ob er nicht den gleichen Wunsch hätte, wäre die Situation umgekehrt. Sagt er daraufhin – was unwahrscheinlich ist – offen und fröhlich »Nö!«, sollten Sie vielleicht tatsächlich überlegen, ob Ihr Geld woanders nicht besser aufgehoben ist.

Eine ähnliche Situation entsteht oft dann, wenn in einer Paarbeziehung einer von beiden schwer erkrankt. Das ist für den Partner häufig sehr belastend. Richtig schwierig wird die Situation oft zusätzlich dadurch, dass der Erkrankte den Partner pausenlos bemitleidet, weil der sich um ihn kümmern muss, bis hin zu: »Du wärst besser dran, wenn ich nicht mehr da wäre!« Das ist häufig Ausdruck einer Depression, die dann auch von einem Fachmann oder einer Fachfrau als solche behandelt werden sollte.

Möglicherweise ist der Umweg über das Bemitleiden des Partners aber auch die einzige Möglichkeit für den Erkrankten, seine eigenen Gefühle auszudrücken, die mit der Krankheit zusammenhängen: Frustration, Traurigkeit, aber auch Ärger. Dann ist es hilfreich – wie oft, wenn es um starke Gefühle geht – zu sagen, was auch ein guter Elternteil so oder ähnlich sagen würde.

Das ist eine schwierige Situation, für uns beide. Aber zusammen schaffen wir das.

Sollte das nichts nützen, ist durchaus auch Strenge angebracht, indem man den Erkrankten fragt, ob er sich im umgekehrten Fall also überhaupt nicht vorstellen könne, für einen da zu sein? Auch da darf bei einem ebenso beherzten wie unwahrscheinlichen »Nö!« durchaus über Konsequenzen nachgedacht werden. Zumindest in der Form, dass einige, wenn nicht sogar alle pflegerischen Aufgaben an bezahlte Kräfte delegiert werden.

Liebe macht blind

In die Sprache der Hirnforscher übersetzt bedeutet dieser Satz nichts anderes als die Tatsache, dass unser bewusstes Denken beim Verlieben praktisch nichts mitzureden hat. Neurowissenschaftler sind sich einig, dass das, was sich im Gehirn von Frischverliebten abspielt, im Prinzip das Gleiche ist, was sich im Gehirn von Süchtigen abspielt, ebenso wie eine Trennung hirnorganisch einem Entzug gleicht. Keine ganz ungefährliche Sache also.

Aus der Sicht der Bindungsforscher bedeutet es, dass Ihr Unbewusstes Sie mit jemandem zusammenbringt, bei dem das Bindungsverlangen, das Sie üblicherweise ein Leben lang begleitet, unter Umständen so schnell zuschlägt, dass Sie sich, falls Ihr Unbewusstes sich in der Wahl vertan hat, aus dieser Beziehung nur unter schweren Schmerzen wieder werden lösen können.

Haben Sie den Richtigen erwischt, geht Ihr Verliebtsein in eine tiefe Liebe über, die ein Leben lang dauern kann – und sogar darüber hinaus. *Ob* Sie den Richtigen erwischen, hängt allerdings in keiner Weise vom Zufall ab. Es ist nicht wie in Shakespeares Sommernachtstraum. Verliebtsein ist kein Zauber, der uns völlig zufällig treffen und uns sogar dazu zwingen kann, uns in jemanden zu verlieben, der einen Eselskopf hat. Wie ein Zauber wirkt es allerdings, und es macht tatsächlich in gewisser Weise blind.

Das Belohnungssystem im Gehirn eines frisch verliebten Menschen ist beim Anblick des Liebesobjekts besonders aktiv, während die Bereiche, die für kritische Bewertungen zuständig sind, eine Ruhepause einlegen. Wenn es um die Arterhaltung geht, scheut das Unbewusste keine Tricks.

Aber auch, wenn der Vorgang des Verliebens Ihrem Bewusstsein entzogen ist, weiß Ihr Unbewusstes sehr genau, was es tut. Oder es glaubt zumindest, es zu wissen. Wie gut Sie sich auf Ihre Wahl verlassen können, hängt damit zusammen, wie Ihre inneren Archive bestückt sind, was wiederum damit zusammenhängt, welche frühen Bindungserfahrungen Sie und der Partner gemacht haben.

JE besser Sie sich selbst kennen und wissen, was Sie geprägt hat, desto besser können Sie Ihre höchsteigenen Lebensthemen, aber auch die Stolpersteine einschätzen, die Sie in eine Partnerschaft, aber auch in Freundschaften mitbringen.

Die wichtigste Voraussetzung, um begreifen zu können, wie anders das Gegenüber möglicherweise gestrickt ist, ist zu verstehen, wie Sie selbst gestrickt sind.

Meine Patienten bekommen von mir zu Beginn der Behandlung einen sogenannten »Lebensgeschichtlichen Fragebogen«, den sie weitestgehend so knapp oder ausführlich ausfüllen können, wie sie wollen. Er hilft mir, sie besser kennenzulernen, und gibt mir einen ersten Einblick, was wichtige Themen sein könnten und möglicherweise auch schon einige der Ursachen ihrer Beschwerden. Manchen Patienten fällt es leicht, ihn auszufüllen, andere tun sich schwerer, da er sie mit Bereichen ihres Lebens konfrontiert, mit denen sie sich möglicherweise lange nicht beschäftigt haben.

Ich habe einige Fragen davon herausgegriffen. Vielleicht haben Sie ja Lust, sie zu beantworten und sich selbst dadurch ein bisschen besser kennenzulernen.

Fragen zur Selbsteinschätzung

Wie würden Sie die Atmosphäre in Ihrer Ursprungsfamilie beschreiben?

Was wissen Sie über Ihre ersten beiden Lebensjahre? Was hat man Ihnen darüber erzählt? Wer hat Sie betreut? Gab es in dieser Zeit oder vor Ihrer Geburt wichtige Ereignisse in der Familie? Waren Sie längere Zeit von Ihrer Hauptbezugsperson getrennt?

Gab es belastende Ereignisse in Ihrer Kindheit (Tod einer Bezugsperson, Scheidung der Eltern, Heim etc.?)

Beschreiben Sie Ihre Mutter.

Wie war Ihre Beziehung zu ihr, als Sie klein waren, wie später?

Was wissen Sie über die Kindheit und Lebensgeschichte Ihrer Mutter?

Was ist für mich noch wichtig, über Ihre Mutter zu wissen?

Beschreiben Sie Ihren Vater.

Wie war Ihre Beziehung zu ihm, als Sie klein waren, wie später?

Was wissen Sie über die Kindheit und Lebensgeschichte Ihres Vaters?

Was ist für mich noch wichtig, über Ihren Vater zu wissen?

Wer war sonst noch wichtig in Ihrer Kindheit, im Positiven wie im Negativen?

Wie war Ihre Beziehung zu dieser Person/diesen Personen?

Haben Sie Geschwister?

Wie ist der Altersabstand?

Wie war Ihr Verhältnis früher zu ihnen, wie ist es heute?

Wie sind Ihre bisherigen Partnerschaftserfahrungen?

Beschreiben Sie Ihren aktuellen Partner.

Gab es traumatische, beängstigende Erlebnisse, die für Ihr weiteres Sexualleben bestimmend wurden?

Ist Ihr Sexualleben selbst zu den besten Zeiten beeinträchtigt, beispielsweise durch Schuldgefühle, Angst oder verminderte Genussfähigkeit?

Wie würden Sie von jemandem beschrieben werden, der Sie mag? Wie würden Sie beschrieben werden von jemandem, der Sie nicht mag? Wie würden Sie sich selbst beschreiben?

Was waren Ihre Spiele und Hobbys als Kind, was sind Ihre Hobbys und Interessen heute?

Wie es bei meinen Patienten mit ihren Bindungs- und Beziehungserfahrungen aussieht, erfahre ich somit in der Regel recht schnell. Also ist eine der ersten Fragen, die ich ihnen stelle, wenn sie sich frisch verliebt haben, die nach den diesbezüglichen Erfahrungen ihres neuen Partners. Nach den Partnerschaften, die er bisher schon gehabt hat, aber auch nach der Familie, aus der er kommt. Sehr häufig kann ich danach schon abschätzen, ob ich mich entspannt zurücklehnen und denken kann: *Ja, das klingt doch mal richtig gut,* oder ob ich fürchten muss, dass die verbleibenden Therapiesitzungen wahrscheinlich nicht ausreichen werden, um all die Probleme bearbeiten zu können, die die neue Verbindung höchstwahrscheinlich mit sich bringen wird.

Dass Frischverliebte in den ersten Wochen anderes zu tun haben, als das Liebesobjekt einem biografischen Scan zu unterziehen, ist klar. Aber es überrascht mich schon, wenn eine Frau nach vielen Jahren der Beziehung mit Eheproblemen zu mir kommt und sich verzweifelt fragt: *Warum ist er nur so?*

Ich kann mich übrigens nicht erinnern, auf die Gegenfrage: *War er schon immer so?*, von einer Patientin je ein *Nein* als Antwort bekommen zu haben.

Wenn ich sie dann frage, was sie über ihren Partner und sein Leben weiß, vor allem über seine Kindheit, stelle ich häufig fest, dass dieses Wissen recht überschaubar ist. *Da war eigentlich alles ganz normal,* ist eine häufige Antwort.

Psychologen wissen, dass dieser Satz, bezogen auf die eigene Kindheit oder auf die des Partners, ungefähr so aussagekräftig ist wie die Auskunft, er sei auf dem Planeten Erde geboren.

Wenn jemand so wenig über den anderen weiß und dadurch so wenig einschätzen kann, wo möglicherweise Probleme auftauchen könnten, sind diese fast schon vorprogrammiert.

Die Psychologin Kim Bartholomew stellte bereits Anfang der 1990er-Jahre fest, dass vor allem zwei Bereiche ausschlaggebend dafür sind, wie eine Beziehung sich gestalten wird.

Zum einen, welches Bild jemand von sich selbst hat, ob er also ein stabiles Selbstwertgefühl hat oder eher nicht.

Zu anderen, welches Bild jemand generell von anderen Menschen hat.

Sind beide Bilder positiv, kann man sowohl Nähe als auch zeitweilige Distanz in einer Beziehung gut ertragen. Überwiegen negative Erfahrungen mit anderen, ist man eher misstrauisch und distanziert und vermeidet engere Beziehungen. Hat man ein überwiegend negatives Selbstbild und traut sich wenig zu, neigt man dazu, sich vom anderen abhängig zu fühlen und starke Verlustängste zu entwickeln.

Eine starke Diskrepanz zwischen Selbst- und Fremdbild ist immer problematisch, egal, ob man dazu neigt, sich systematisch zu unter- oder systematisch zu überschätzen. In beiden Fällen hapert es daran, die Perspektive wechseln und sich von außen betrachten zu können. Wenn es Ihnen beispielsweise schwerfällt, Komplimente anzunehmen, tendiert Ihr Selbstbild wahrscheinlich eher in Richtung negativ.

Wie man herausgefunden hat, sind oft auch Beziehungen zwischen Männern, die enge Beziehungen scheuen, und Frauen, die große Verlustängste haben, besonders langlebig. Das verwundert nur auf den ersten Blick, denn man kann davon ausgehen, dass in diesen Fällen zumindest die Frauen sehr große Schwierigkeiten haben werden, sich zu trennen, auch wenn sie lange in der Beziehung leiden.

BEANTWORTEN Sie sich einmal die Frage, wie es um Ihr Selbstwertgefühl bestellt ist, ob Sie es eher als stabil oder als schwach empfinden. Beobachten Sie auch, ob Sie normalerweise offen auf andere Menschen zugehen oder eher zurückhaltend oder gar misstrauisch sind.

Wie man sich leicht vorstellen kann, hat die Verbindung zweier Menschen, die beide als Kinder gute und sichere Bindungserfahrungen machen konnten, die besten Chancen auf ein Happy End.

Wenn das auf Sie zutrifft, werden Sie sich eher in jemanden verlieben, der Sie gut behandelt, denn so kennen Sie das aus Ihrer Familie. Haben Sie weniger gute Erfahrungen gemacht, besteht die Gefahr, dass Sie sich in jemanden verlieben, bei dem Sie die schlechten Erfahrungen Ihrer Kindheit wiederholen, denn er bringt etwas mit, das sich vertraut anfühlt und die alte (unerfüllte) Sehnsucht nach Liebe und Anerkennung weckt. Hier zeigt sich besonders drastisch, dass wir in sehr verschiedenen Welten leben, denn es sind genau diese Menschen, die entweder leugnen, dass es »den Richtigen« überhaupt gibt, oder die einen freundlicheren Menschen, der ihnen über den Weg läuft, automatisch für langweilig halten. Er erzeugt nicht das Herzklopfen, das sie aus der Zeit kennen, als Mama und Papa sich immer stritten oder als sie Angst vor Strafe hatten. Statt Harmonie und

Sicherheit haben diese Menschen ständige Aufregung erlebt, und als Erwachsene verwechseln sie dann Streit und tränenreiche Versöhnungen mit der ganz großen Leidenschaft.

Gerade weil das Finden eines Partners und das Sichverlieben auf einer völlig unbewussten Ebene ablaufen, ist es so wichtig, zunächst unser höchst eigenes Beuteschema zu durchschauen. *Was genau war es, in das Sie sich bei Ihrem Partner verliebt haben?* ist deshalb eine Frage, die Paartherapeuten häufig stellen, um herauszukriegen, welche Verhaltensweisen des anderen es waren, die unser Gehirn einst dazu veranlasst haben, Dopamin, Vasopressin und Oxytocin und all das Zeug auszuschütten, das uns süchtig nach ihm gemacht hat.

VERSUCHEN Sie sich zu erinnern, welche Erfahrungen Sie in Ihrer Kindheit mit Liebe und Zuverlässigkeit gemacht haben, nicht nur mit Ihren Eltern.

Besonders wichtig ist natürlich, was Sie in Ihrer Familie über Beziehungen gelernt haben und welche Art von Beziehung Ihre Eltern Ihnen vorgelebt haben.

Als Kind lernt man auf zweierlei Art. Durch das, was einem erzählt wird, noch mehr aber durch das, was man jeden Tag erlebt.

Vielleicht war der netteste Mensch in Ihrer Kindheit die Nachbarin, der Opa oder die Mutter einer Schulfreundin. Dann fahren Sie unter Umständen erheblich besser, wenn es Ihnen irgendwann gelingt, sich in jemanden zu verlieben, der eher dem netten Opa als dem schwierigen Vater gleicht. Auch wenn das zunächst scheinbar nicht so sexy klingt.

WENN Sie zu permanenten Fehlgriffen neigen, weiten Sie Ihre Perspektive! Stellen Sie bei dem nächsten großen Zusammentreffen mit verschiedenen Menschen zunächst fest, wer Sie spontan anzieht, ignorieren Sie die Betreffenden vorsichtshalber und interessieren sich stattdessen für die, die Sie normalerweise übersehen hätten.

Ich habe schon bei einigen Patienten erlebt, dass diese Vorgehensweise erheblich weniger nervenaufreibende Beziehungen hervorgebracht hat.

Psychotherapie führt zu einer inneren Nachreifung, dazu, erwachsener zu werden und mehr Verantwortung übernehmen zu können, für sich selbst ebenso wie für andere. Hatte jemand sich zuvor eher in unreife Menschen verliebt, konnte er sich nun, da er selbst »erwachsener« geworden war, auch für andere »Erwachsene« interessieren und dabei die Erfahrung machen, dass diese Beziehungen genauso aufregend sein können, dabei aber wesentlich weniger destruktiv sind.

Übrigens: Wenn es nach mir ginge, gäbe es ein Gesetz, das vorschreibt, dass jeder, der das Elternhaus verlässt, zunächst mindestens ein Jahr lang völlig allein leben muss. Nicht ohne Sex, aber durchaus mit Nächten, die allein verbracht werden.

Keine Panik, das mit dem Gesetz meine ich nicht ernst. Für eine gute Idee halte ich es trotzdem. Ich weiß nicht, wie oft ich mit Männern und Frauen gesprochen habe, die noch keine einzige Nacht ihres Lebens allein verbracht und deshalb fast kindliche Ängste davor hatten. Das ging von »Aber was mache ich, wenn die Heizung kaputtgeht?« über »Ich glaube, dann hätte ich Angst, dass ein Einbrecher unter dem Bett liegt« bis hin zu »Bei mir muss aber jemand da sein, der die Spinnen totmacht«.

Nichts davon habe ich mir ausgedacht, und nicht alle dieser Zitate stammen von Patienten. Abgesehen davon, dass es stark macht, sich zumindest einigen seiner Ängste zu stellen, ist es noch aus einem anderen Grund wichtig, die Erfahrung zu machen, dass man auch allein leben kann. Es ist sonst nämlich ungleich schwerer, sich von jemandem zu trennen, der einem nicht guttut, und die Gefahr besteht, erst dann dazu in der Lage zu sein, wenn bereits der Nächste gefunden ist. Der dann wiederum nicht ausreichend und entspannt geprüft wird, denn dazu müsste man riskieren, eine Denk- und Verarbeitungspause zwischen den Beziehungen einzulegen. Und das natürlich in einem Singlehaushalt.

FALLS Sie noch nie allein gelebt haben und in einer Beziehung stecken, in der Sie unglücklich sind: Es lässt sich nicht timen, wann man sich verliebt. Vielleicht neigen Sie dazu, sich schon kopfüber in das nächste Liebesabenteuer zu stürzen, kaum dass das eine beendet ist. Überlegen Sie dennoch, ob Sie beim nächsten Mal tatsächlich sofort zusammenziehen müssen oder ob Sie sich nicht erst einmal eine eigene kleine Wohnung suchen.

Nur damit Sie in Zukunft besser unterscheiden können, ob die neue Liebe wirklich halten kann, was sie verspricht, oder ob Sie sich nur deshalb immer so schnell binden müssen, um einer Spinne nicht allein gegenübertreten zu müssen.

Das Phänomen der Menschen, die nie gelernt haben, allein zu leben, betrifft beide Geschlechter gleichermaßen, wobei ich die Erfahrung gemacht habe, dass nach einer Trennung eher die Männer eine Psychotherapie aufsuchen als die Frauen. Möglicherweise finden Frauen in dieser Situation eher Rückhalt bei Freundinnen als Männer bei ihren Freunden. In der Tat hatte ich bei den Männern, die aus diesem Anlass zu mir kamen, häufig den Eindruck, dass es ihnen nicht um eine Psychotherapie im eigentlichen Sinne ging. Kaum einer konnte die Frage beantworten, warum die Freundin sich getrennt hatte, obwohl ich mir sicher war, dass sie es das ein oder andere Mal erwähnt haben musste. Also ging es diesen Männern meist auch nicht darum, an einem persönlichen Problem zu arbeiten. Sondern eher darum, eine Zeit lang bei jemandem unterzukriechen, um die Wunden zu lecken. Entsprechend beendeten diese Männer die Behandlung meist auch sehr rasch, nachdem eine neue Frau in ihr Leben getreten war.

Wenn Sie erst einmal verliebt sind, kommen Sie also aus der Geschichte so schnell nicht wieder raus, dafür sorgen die Suchtstoffe in Ihrem Gehirn. Die meisten Menschen empfinden diese Tatsache zunächst als nicht besonders schlimm, und wenn es gut ausgeht, erinnert man sich an diese Zeit des mentalen Ausnahmezustands ein Leben lang gern zurück. Da die Chancen aber nicht einmal fifty-fifty stehen, tun Sie gut daran, sich so früh wie möglich klarzumachen, dass Sie sich in jemanden verliebt haben, der aus einer anderen Kultur kommt. Egal, ob er seine Kindheit auf einem anderen Kontinent verbracht hat oder im selben Dorf.

SPÄTESTENS wenn Sie die Phase hinter sich haben, in der Sie und der/die Erwählte sich stundenlang verliebt in die Augen schauen, sollten Sie anfangen, eine psychische Landkarte des anderen zu erstellen. Im Prinzip können Sie dazu einige der Fragen verwenden, die ich für den Fragebogen weiter vorn ausgewählt habe.

Jemand, der sicher gebunden ist, wird zu seinen Lieblingsbezugspersonen aus der Kindheit meist auch als Erwachsener noch eine gute Beziehung haben, oder er wird, wenn sie nicht mehr leben, gute Erinnerungen an sie haben. Er wird auch über seine Exen nicht herziehen, denn seine guten Bindungserfahrungen werden dazu geführt haben, dass er keine allzu katastrophalen Beziehungen eingegangen ist.

Lernen Sie, das als gutes Zeichen zu werten und nicht als Anlass für Eifersucht. Schließlich wollen Sie doch auch niemanden haben, der nach einer Trennung über *Sie* herzieht, oder?

Da geschätzte 80 Prozent der Erwachsenen zu ihren Kindern genau die Bindung herstellen, die sie selbst erlebt haben, sind Sie mit so jemandem als Vater oder Mutter Ihrer Kinder nicht schlecht bedient.

Vielleicht erklärt sich hierdurch auch, dass es vor allem Frauen wichtig zu sein scheint, dass der Partner sicher gebunden ist. Kein Wunder, denn sie sind, allem Fortschritt zum Trotz, objektiv betrachtet abhängiger vom Mann als er von ihnen. Hinzu kommt, dass Frauen immer noch mehr als ihre Partner für die Betreuung der gemeinsamen Kinder zuständig und daher auf jemanden angewiesen sind, der ihnen den Rücken stärkt und imstande ist, sichere Bindungen einzugehen.

Natürlich bedeutet das absolut nicht, dass nur noch die Leute Kinder kriegen sollen, die selbst tolle Eltern hatten. Schließlich wünsche ich mir auch für jeden meiner Patienten – natürlich nur, sofern er oder zumindest sein Unbewusstes sich das auch wünscht –, dass er einen liebevollen und unterstützenden Partner findet. Die meisten von ihnen gehören eben nicht zu den sicher Gebundenen. Außerdem haben wir wie erwähnt bei der Partnerwahl sowieso nicht wirklich viel mitzureden, zumindest unser bewusster Teil nicht.

Ich arbeite als Dolmetscherin, nicht nur zwischen meinen Patienten und ihrem Unbewussten, sondern häufig auch zwischen ihrer Welt und der ihrer Partner. Das ist nicht immer einfach. Denn natürlich ist meine Aufgabe in erster Linie, meinen Patienten zu helfen, sich selbst zu verstehen. Wenn sie Probleme in der Partnerschaft haben, muss ich allerdings auch versuchen, ihnen dabei zu helfen, den anderen zu verstehen. Nicht, um den Richter zu spielen, sondern um sie davor zu bewahren, sich in etwas zu verrennen. Das passiert nämlich zwangsläufig, wenn sie sich weigern, einen wichtigen Teil ihres Partners als zu ihm gehörig zu akzeptieren.

Sich Ursachen bewusst zu machen, löst natürlich nicht automatisch alle Probleme. Aber es kann zumindest helfen, sie zu verstehen.

Jemand, der eine Beziehung zu einem Menschen eingeht, der eine chronische Erkrankung oder Behinderung hat, weiß, worauf er sich einlässt, und wird hoffentlich nicht irgendwann erstaunt feststellen, dass der Partner aufgrund seiner Beeinträchtigung andere Bedürfnisse hat und in manchen Bereichen Rücksichtnahme benötigt. Im psychischen Bereich wird allerdings oft mit erstaunlicher Naivität an die Sache herangegangen.

Man weiß, dass die Herkunftsfamilie des Partners doch ziemlich speziell bis ausgesprochen schwierig war – geht aber dennoch davon aus, dass diese Tatsache keinerlei Spuren bei ihm hinterlassen hat und für die gemeinsame Zukunft keine Rolle spielen wird. Sowohl aus der Sicht der Hirn- als auch der Bindungsforscher ist das hochgradig blauäugig. Im Fall der erwähnten, möglicherweise durchaus stabilen Beziehung zwischen einer wenig selbstbewussten Frau, die deshalb zum Klammern neigt, und dem Mann, der Nähe scheut, kann das zu einem lebenslangen, für beide Seiten aufreibenden Hin und Her werden. Sie wirft ihm ewig und drei Tage vor, er könne keine Gefühle zeigen, er ihr, er könne keinen Schritt machen, ohne dass sie ihn überwacht. Weiß sie, dass das Zeigen von Gefühlen in seiner Familie kein Thema war, und weiß er, dass sie zu Hause selten ein freundliches Wort zu hören bekommen hat, ist das natürlich noch lange keine Garantie für ein filmreifes Happy End. Aber beide können zumindest besser verstehen, warum der andere diese Verhaltensweisen zeigt und dass er sie schon mitgebracht hat.

Vielleicht führt das letztendlich doch zu einer Trennung. Auch Paare, die zu einem Paartherapeuten gehen, bleiben nicht zwangsläufig zusammen. Es scheint mir allerdings eine vernünftige Entscheidung, sich zu trennen, weil man erkannt hat, dass man zu unterschiedlich tickt und dass der andere nicht der Richtige ist, um die eigenen, lang gehegten Wünsche zu erfüllen. Besser auf jeden Fall, als ein Leben lang im Clinch mit jemandem zu liegen, den man einfach nicht begreifen kann oder will und mit dem es nicht gelingt, Kompromisse zu finden.

Von den Folgen, die es für Kinder hat, wenn sie miterleben müssen, wie ihre Eltern sich unter dem Weihnachtsbaum gegenseitig an die Gurgel gehen, ganz zu schweigen.

Damit kommen wir zur Selbstregulation.

Natürlich ist es verlockend, etwas einfach spontan zu tun, ohne lange darüber nachzudenken. Sie sehen im Internet etwas, das Ihnen gefällt. Den Shop kennen Sie zwar nicht, aber Ihr Begehren ist so groß, Sie wollen das Teil unbedingt haben! Wird schon gut gehen. Zack, haben Sie auf den Kaufen-Button geklickt, routinemäßig auf *Ich habe die AGB gelesen,* obwohl Sie das natürlich nicht getan haben.

Das kann gut gehen. Muss es aber nicht.

Rechtzeitig zu schauen, ob jemand, in den Sie sich verliebt haben, beispielsweise über ausreichend Impulskontrolle verfügt, kann später Ihr Leben und das Ihrer Kinder retten oder Sie zumindest vor Stalking bewahren. Während eine Depression bei Frauen sich oft eher in Rückzug und Niedergeschlagenheit ausdrückt, zeigt sie sich bei Männern häufiger in aggressivem Handeln anderen oder sich selbst gegenüber. Welch schreckliche Familientragödien ein verlassener Mann anrichten kann, der nicht über die Fähigkeit verfügt, seine Emotionen zu regulieren, lesen und sehen wir nur allzu oft in den Nachrichten.

Klingt das alles für Sie irgendwie unromantisch?

Auch Psychotherapeuten verlieben sich, und sie tun das nicht weniger heftig als andere Menschen. Etwas muss nicht seine Faszination verlieren, nur weil wir mehr darüber wissen, im Gegenteil. Forscher verlieben sich beispielsweise oft umso mehr in ihr Fachgebiet, je mehr sie sich mit der Materie befassen.

Ein Beispiel zur Illustration, dass Wissen und Romantik sich nicht ausschließen.

Wer liebt ein Haustier mehr? Der, der sich vor der Anschaffung darüber informiert hat, wie das Tier gern gehalten werden möchte, aber auch, wie viel Mühe es möglicherweise macht? Oder der, der von einem Unbekannten einen Hundewelpen kauft, ihn mit den Worten: »Oh, wie süüüß!«, mit nach Hause nimmt und sich später darüber beklagt, dass der Winzling nicht nur die Teppiche zerbeißt, ständig Aufmerksamkeit fordert und partout nicht an ein Katzenklo zu gewöhnen ist, dafür aber laut Auskunft des Tierarztes gleich an mehreren chronischen Krankheiten leidet? Finden Sie wirklich, dass die zweite Version romantischer klingt?

Na also. Sag ich doch.

Natürlich bedeutet das nicht, dass Sie dem Neuen gleich beim ersten Date einen »Lebensgeschichtlichen Fragebogen« vorlegen sollen und dass körperliche Annäherungen (samt Ausschüttung der Suchtstoffe, die das zum Weg ohne Wiederkehr machen können) erst dann stattfinden dürfen, wenn er ihn vollständig und zu Ihrer Zufriedenheit ausgefüllt hat.

Es bedeutet auch nicht, Essig in den Wein der Frischverliebten zu schütten und mahnend zu sagen: Rechnet immer mit Schwierigkeiten!

Dass der andere kein Problem damit hat, Innereien zu essen, während er keinen Mais herunterbekommt, weiß man nach einiger Zeit, ebenso welche Musik und welche Serien er gern mag, ob er ein eingefleischter Stubenhocker ist oder dazu neigt, ab und zu die Wohnung vollkommen freiwillig zu verlassen. Aber für das Zusammenleben sind andere Neigungen und Unverträglichkeiten eben mindestens genauso wichtig.

Es geht darum, nicht komplett blind in eine Beziehung zu stolpern und dem anderen ohne Ansehen der Person die eigenen Wunschvorstellungen überzustülpen. Und auch darum, ihn als ganze Person zu respektieren und zu akzeptieren und sich wirklich für ihn zu interessieren. Mit allem Drum und Dran.

WAS wir in unserem Leben, vor allem in der ersten Zeit, erlebt haben, prägt uns. Interessieren Sie sich für diese Zeit im Leben Ihres Partners, wenn Sie wissen wollen, was ihn ausmacht und was ihm wirklich wichtig ist.

Ob jemand untreu wird oder nicht, hat mit seiner Lebensgeschichte zu tun, egal, ob er aus Castrop-Rauxel kommt oder aus Lobamba. War der Vater zwar nett, aber konnte der Mutter nicht treu sein, hat das die Entwicklung seiner Kinder ebenso geprägt (in die eine oder in die andere Richtung) wie die Tatsache, dass der Vater vier legale Ehefrauen hatte.

Lernen Sie also die Kultur Ihres Partners kennen, egal, ob schon seine Großeltern dieselbe Grundschule besucht haben, auf der Sie waren, oder ob er am anderen Ende der Welt geboren wurde. Lernen Sie seine Familie kennen, oder versuchen Sie von ihm so viel wie möglich über seine Familie zu erfahren. Fühlt er sich dort wohl und fühlen Sie sich dort ebenfalls wohl, ist die Herkunft völlig nebensächlich, und die Chancen steigen, dass es gut gehen wird mit Ihnen beiden. Liebt er seine Familie, aber Ihnen bleibt sie fremd, sind die Probleme schon vorprogrammiert, und es wird ständig Auseinandersetzungen darüber geben, dass er zu viel Kontakt mit Menschen hat (und sie vielleicht sogar finanziell unterstützt), die Sie nicht leiden können.

Wenn es für Sie unbegreiflich ist, dass er jeden Abend mit seiner Mutter telefoniert: Das hat er von Anfang an getan, und es hat Sie von Anfang an genervt. Sie sind nur fälschlicherweise davon ausgegangen, dass es irgendwann von alleine aufhören wird.

Sie haben die Augen davor verschlossen, statt sich zu fragen, ob Sie auch dann noch damit werden leben können, wenn die erste Verliebtheit vorbei ist.

Ilsebill und fremde Betten

Häufig erleben meine Patientinnen aber auch den umgekehrten Fall. Sie sind für ihren Partner eine Art Exot, während der gleichzeitig sämtliche Unterschiede leugnet und davon ausgeht, dass seine Frau so funktioniert wie er.

Diese Männer fühlen sich absolut hilflos, wenn ihre Partnerin immer wieder in eine Depression oder andere psychische Krisen rutscht. Oft wussten sie von Anfang an, dass die Frau keine so rosige Kindheit hatte wie sie selbst. Aber sie ziehen die Möglichkeit nicht in Betracht, dass das irgendwelche Auswirkungen auf die Beziehung haben wird.

Meist schaffen sie es nicht einmal, sich im Internet über die Krankheit zu informieren oder gar ein Buch über das Thema zu lesen. Sie weiten ihre Perspektive nicht, sondern gehen davon aus, dass ihre Lösungen auch für die Partnerin hilfreich sind. Auch ihnen geht es schließlich ab und an mal nicht so gut, und bei ihnen helfen dann Ablenkung, Sport oder ein Aufenthalt in der Natur. Sie begreifen nicht, warum ihre Tipps nicht angenommen werden.

Wer sich für das, was den Partner eigentlich ausmacht, weniger interessiert als für die Geschmacksrichtung seines Lieblingsjoghurts, läuft früher oder später vor die Wand und rettet sich dann möglicherweise in unwissenschaftliche Scheinbegründungen wie »Männer sind halt …« oder »Frauen sind halt ...«, die nicht helfen, einander näherzukommen, sondern die die Distanz nur noch vergrößern.

Übrigens: Wissenschaftler haben große Schwierigkeiten, überhaupt psychologisch bedeutsame Unterschiede zwischen Männern und Frauen zu finden, zumindest soweit es ihre Gehirne betrifft. Sie haben allerdings eine einleuchtende Erklärung dafür, warum in den Medien ständig Untersuchungen zitiert werden, bei denen solche Unterschiede tatsächlich gefunden wurden.

Journalisten, die über neue wissenschaftliche Erkenntnisse berichten, suchen gerne die heraus, die spektakulär klingen. Wenn von hundert Wissenschaftlern achtundneunzig in ihren Untersuchungen mal wieder keine Unterschiede zwischen Männern und Frauen gefunden haben, wollen die Redakteure ihre Leser nicht mit diesen öden Fakten langweilen. Sie veröffentlichen lieber die Untersuchungsergebnisse der beiden Wissenschaftler, die herausgefunden haben wollen, dass Männer und Frauen von unterschiedlichen Planeten stammen. Und schaffen damit eine Scheinrealität, die mit der Wirklichkeit nichts zu tun hat.

Wer sich tatsächlich verhält wie ein »typischer Mann« oder eine »typische Frau«, hat dafür seine lebensgeschichtlichen Gründe. Die Gefahr ist allerdings groß, dass jemand, der nicht nur mit den Rollen spielt und bewusst hinein-, aber auch wieder herausschlüpfen kann, sondern sich stattdessen auf das Abziehbild einer Rolle begrenzt, viel an Lebendigkeit und Flexibilität verliert.

Eben weil es für ein gedeihliches Miteinander so absolut wichtig ist zu begreifen, wie der andere denkt und fühlt, empfehlen

Paartherapeuten immer und immer wieder, sich Zeit füreinander zu nehmen. Sich auch als Paar, das seit Jahren zusammenlebt, zu einem festen Termin zu verabreden, um ungestört miteinander reden zu können. Bei manchen Paaren klappt das zunächst tatsächlich nur im Beisein eines Therapeuten, der dafür sorgt, dass das, was der andere sagt, wirklich gehört und ernst genommen wird.

Das mit dem Ernstnehmen des anderen klappt sonst häufig allenfalls mittelgut, vor allem, wenn es mit den eigenen Wünschen kollidiert.

Was nützt es, wenn der Mann nie einen Hehl daraus gemacht hat, dass er keine Kinder haben will, wenn die Partnerin seine Aussage nicht ernst nimmt? Wenn sie sich nicht dafür interessiert, dass er stichhaltige lebensgeschichtliche Gründe für seine Entscheidung hat, wie zum Beispiel die Tatsache, dass er schon als Kind pausenlos auf die jüngeren Geschwister aufpassen musste? Nun, im Erwachsenenalter, ist er wahrscheinlich froh, endlich eine Frau für sich allein zu haben, wenn es schon mit der Mama nicht geklappt hat.

Was nützt es ihm, das noch so oft zu sagen, wenn es auf taube Ohren und die Überzeugung trifft: *Wenn das Kind erst mal da ist, wird er es schon lieb haben.*

Es mag ja Fälle geben, wo das geklappt hat, aber das ist russisches Roulette auf Kosten eines Kindes.

Dort, wo ich ähnliche Situationen miterlebt habe, klappte es manchmal noch mit dem Vatersein einigermaßen, dennoch kam es irgendwann zur Trennung. Meist, weil die Frau enttäuscht war, dass ihr Partner ein für ihr Empfinden nicht ausreichend begeisterter Vater war.

NEHMEN Sie sich regelmäßig Zeit, die Sie als Paar miteinander verbringen und in der Sie tatsächlich Zeit zum Reden haben. Ungestört!

Es ist erstaunlich, wie viele Paare Tag für Tag miteinander leben, ob mit Kindern oder ohne, und sich nicht mehr erinnern können, wann sie sich zum letzten Mal in Ruhe über mehr ausgetauscht haben als über Organisatorisches.

Auch bei scheinbaren Kleinigkeiten ist es von Vorteil, einmal die Perspektive zu wechseln, zumindest wenn beide nicht regelmäßige lautstarke Auseinandersetzungen als Sex-Vorspiel lieben.

Vor allem Männer beklagen sich mitunter, ihre Frau würde immer nur meckern. Auch Kinder haben oft das Gefühl, ihre Eltern würden immer nur meckern. (Mitunter haben sie damit recht, denn die Aufgabe der Eltern besteht unter anderem darin, Kinder dazu zu bringen, Dinge zu tun, auf die sie keine Lust haben.)

Eigentlich sollte es Männern relativ leichtfallen herauszufinden, ob ihre Frau so viel meckert, weil sie eine Ilsebill ist, oder ob der Grund vielmehr ist, dass sie selbst sich wie ein Kind verhalten.

Ilsebill ist die unglaublich anspruchsvolle Frau in dem Märchen *Vom Fischer und seiner Frau*, das vom Maler Philipp Otto Runge geschrieben und von den Gebrüdern Grimm in ihrer Sammlung veröffentlicht wurde.

Es geht darin um einen Fischer, der einen Butt fängt, der sich als verzauberter Prinz herausstellt und ihn um sein

Leben bittet. Der Fischer lässt ihn frei. Auf die Vorhaltungen seiner Frau hin, man hätte von dem verzauberten Prinzen doch sicher die eine oder andere Gegenleistung fordern können, fängt er ihn erneut und bittet zunächst um eine größere Hütte. Sie wird ihm gewährt, aber die Frau ist noch immer nicht zufrieden. Ihre Wünsche werden immer unmäßiger, obwohl sie und ihr Mann nun schon unglaublich reich sind und in einem Palast wohnen. Schließlich verlangt Ilsebill von ihrem Mann sogar zu erbitten, wie Gott zu sein, woraufhin der Butt alles in seinen Ursprungszustand zurückversetzt und die Fischersleute wieder in ihrer schäbigen Kate hausen müssen.

Sind Sie auch so ein Mann, der sich ständig über das Gemecker seiner Frau ärgert? Dann sollten Sie sich fragen, ob Ihre Frau schon immer höchst anspruchsvoll und nie mit etwas zufrieden war. Beschwert sie sich auch über andere Menschen grundsätzlich, seien es Freunde oder Arbeitskollegen? Dann haben Sie wohl die Ilsebill erwischt. Das Gemecker hat mit Ihnen wahrscheinlich nicht viel zu tun, und Sie sollten sich fragen, warum Sie sich jemanden ausgesucht haben, bei dem von Anfang an abzusehen war, dass er Ihnen das Leben schwer macht. Vielleicht ist Ihnen dieses Gefühl aber auch von klein auf so vertraut, dass Sie sich gar nichts anderes vorstellen können.

Sollte Ihre Frau hingegen normalerweise eher zu guter Laune und auch sonst nicht übertrieben zum Ilsebillismus neigen, bleibt Ihnen nur der Perspektivenwechsel.

Sie meckert schon wieder, weil ich meine Tasse nicht in den Geschirrspüler geräumt habe. Sie meckert schon wieder, weil ich die leere Klopapierrolle nicht weggeworfen und eine neue hingehängt habe.

Hat sie vielleicht Grund zum Meckern?

VERHALTEN Sie sich nicht wie ein Kind, sondern übernehmen Sie selbst Verantwortung. Stellen Sie Ihr Geschirr in die Spülmaschine, und ersetzen Sie die Klopapierrolle. Vielleicht merkt Ihre Frau das gar nicht. Was völlig okay ist, denn Sie sind schließlich erwachsen und brauchen kein Lob mehr, nur weil Sie Ihr Zimmer aufgeräumt haben.

Wenn Sie es nicht tun, merkt sie gleich, dass sie es mit einem schlecht erzogenen Jungen zu tun hat. Das kann sich durchaus auf ihre Lust auf Sex auswirken, denn heterosexuelle Frauen stehen doch eher auf erwachsene Männer. Sollte es nachvollziehbare Gründe geben, warum Sie das eine oder andere nicht tun, so reden Sie mit ihr darüber und versuchen, Kompromisse zu finden.

Wenn der Partner immer nur meckert, sollte man mal gemeinsame Freunde fragen, ob er nicht auch zu Recht meckert. Natürlich sollten es welche sein, die man in der fraglichen Angelegenheit für eher neutral, ansonsten für nett, aber ehrlich hält. Wenn dann ein vorsichtiges »Na ja, du bist vielleicht manchmal schon ...« kommt, liegt es an Ihnen. Kommt ein »Na ja, sie ist vielleicht manchmal schon ...«, liegt es an ihr.

Es lohnt sich also, nicht spontan und mit einem alten Kinderreflex zu reagieren, wenn von anderen Kritik kommt, sei es vom Partner oder von Freunden.

Wenn Sie hingegen andere kritisieren, nach reiflicher Überlegung und zumindest einigermaßen sachlich, kann es durchaus sein, dass Sie zunächst nicht auf große Gegenliebe stoßen, denn normalerweise neigen wir alle erst mal eher zur Verteidigung unseres Selbst, wie es nun mal ist und sich bewährt hat. Aber auch wenn der andere spontan ablehnend auf Kritik reagiert, muss das nicht heißen, dass er nicht noch einmal darüber nachdenkt. Warten Sie ab, ob er das Thema nicht doch noch mal anspricht, wenn sein Unbewusstes Zeit hatte, sich damit auseinanderzusetzen.

Übrigens: Reden Sie sich nicht damit heraus, dass Sie irgendetwas nun einmal nicht können.

Gehören Sie zu den Menschen, die es einfach nicht fertigbringen, sich zu entschuldigen, selbst wenn Sie genau wissen, dass Sie Mist gebaut haben und dass es angebracht wäre? Oder bringen Sie die berühmten drei Worte nicht über die Lippen, haben das noch nie gekonnt und werden es nie können?

Auch dafür gibt es lebensgeschichtliche Gründe. Versuchen Sie, sie herauszufinden, das ist der erste Schritt, um diese Blockade zu lösen.

Auch in einer Partnerschaft ist es immer wieder wichtig, dass Sie fragen. Wenn Sie nur versuchen, sich vorzustellen, was der andere wohl denkt und will, sind Sie möglicherweise gerade mitten drin, ihm überzustülpen, was eigentlich Ihr Eigenes ist. Für den Rest Ihres Lebens die falschen Brötchenhälften zu essen ist da noch das Harmloseste, was geschehen kann.

Erst wenn Sie viel über den Partner erfahren haben, können Sie anfangen, Mutmaßungen darüber anzustellen, ob ein Verhalten, das er zeigt, mit etwas zusammenhängt, das Sie von ihm und seiner Geschichte wissen. Auch da ist es besser, noch mal nachzufragen, ob Sie mit Ihrer Vermutung auch richtigliegen.

Das klingt nach unbedingter Offenheit. Aber ist es nicht normal, dass man sich auch als Paar nicht alles erzählt?

Zu der »absoluten Offenheit« kommen wir später noch, wenn es um die Impulskontrolle geht. Es gilt, eine Balance zu halten zwischen der Fähigkeit, sich öffnen zu können, und der Angewohnheit, wie ein Kind alles herauszuplappern, selbst wenn es den anderen kränken könnte.

Ich habe schon durchaus nette Männer kennengelernt, die ihrer Frau unverblümt mitteilten, wenn sie vor ihnen stürbe, würden sie wahrscheinlich nicht lang allein bleiben. Sie sagten das nicht, um ihre Frau zu kränken, sondern lediglich, weil sie einen Gedanken, der einem in einem ruhigen, selbstkritischen Moment schon einmal kommen kann, nicht für sich behalten konnten.

Paartherapeuten sind durchaus der Meinung, dass man auch mal den Mund halten sollte.

Was beispielsweise das Beichten von Seitensprüngen betrifft, haben sie eine ganz klare Meinung.

SOLLTEN Sie generell nicht zur Untreue neigen, jedoch ausnahmsweise einmal schwach geworden sein, wäre es nach Expertenmeinung ratsam, den Mund zu halten. Die Kränkung, die das Geständnis für den Partner bedeutet, wäre sehr viel größer, als die Bedeutung, die der »Ausrutscher« für Sie hatte.

Etwas völlig anderes ist es, wenn so etwas öfter geschieht oder wenn Sie eine andere Beziehung eingehen, sei es aus rein sexuellen Motiven oder weil Sie sich verliebt haben. In diesem Fall sollten Sie nicht nur zum Partner ehrlich sein, sondern auch zu sich selbst. Passen Ihre Vorstellungen von Treue in der Beziehung wirklich mit denen Ihres Partners zusammen?

ETWAS Ähnliches gilt auch für sexuelle Fantasien. Wenn Sie Glück haben, spielt darin immer nur Ihr Partner die Hauptrolle, und exakt die gleichen Fantasien törnen Sie beide an. Falls das nicht der Fall ist: Ihre Fantasien sind Ihr Privatbesitz. Sollten Sie im wirklichen Leben nicht zur Untreue neigen, behalten Sie sie für sich.

Nicht nur die Unfähigkeit, etwas für sich behalten zu können, kann zerstörerisch wirken. Mindestens ebenso fatal wirkt es sich aus, wenn Wichtiges unter den Teppich gekehrt wird. In vielen Familien gibt es Geheimnisse, über die nie gesprochen wurde. Familiengeheimnisse bedeuten oft, einem Kind einen Teil seiner Geschichte vorzuenthalten, die ihm helfen könnte zu verstehen, warum seine Eltern sind, wie sie sind, und warum manches in seinem Leben sich so und nicht anders angefühlt hat.

Manche Menschen erfahren nur durch Zufall, dass ihr Vater bereits einmal verheiratet gewesen war, was er aber stets verschwiegen hatte. Andere leiden ihr Leben lang darunter, dass ihre Mutter sich bis zu ihrem Tod weigerte, ihnen zu sagen, wer ihr Vater war. Auch eine psychische Erkrankung der Eltern, sei sie aktuell noch vorhanden oder in der Vergangenheit aufgetreten, ist in vielen Familien ein Tabuthema.

Ich habe in der Behandlung schon Frauen erlebt, die an einer Depression erkrankt waren und die sich große Sorgen machten, ob ihre Krankheit sich nicht negativ auf ihre Familie auswirken würde. Sie waren unsicher, ob sie den Kindern überhaupt erzählen sollten, was mit ihnen los ist oder ob das die Kinder nicht noch mehr belastet. Schließlich will man nicht, dass sie sich Sorgen machen.

Ich habe aber auch die andere Seite erlebt, die nun erwachsenen Kinder von Müttern oder Vätern mit psychischen Erkrankungen. Unter dem Strich hat sich für mich ergeben, dass es günstiger ist, wenn Kinder erfahren, was los ist. Auch bei denen von uns, die mit ihrem Elternhaus im Großen und Ganzen zufrieden waren und die der Meinung sind, dort doch mit einigermaßen nützlichen Dingen für den Lebensweg ausgerüstet worden zu sein, war nicht immer alles rosig. Niemand kann achtzehn Jahre lang alles richtig machen. Dennoch haben viele Eltern das Ideal, man müsse seine Kinder sogar vor dem bewahren, was mehr oder weniger schicksalhaft über die Familie hereinbricht. Das kann ein Todesfall sein, eine Trennung, eine Krise oder eine schwere Erkrankung, sei sie körperlich oder psychisch.

In all diesen Fällen, selbst wenn es darum ging, dass ein Elternteil durch einen Unfall oder eine Erkrankung starb, habe ich von den Patienten immer wieder eins gehört: *Das Schlimmste war, dass niemand mit mir darüber gesprochen hat.*

Ich erwähnte bereits, dass Kinder jemanden brauchen, der ihnen hilft, ihre Gefühle zu sortieren. Im ersten Lebensjahr vor allem dadurch, dass jemand gut darin ist zu erspüren, was mit dem Kind los ist und was es gerade braucht. Das nennen die Bindungsforscher *Feinfühligkeit*.

Später brauchen Kinder, dass man mit ihnen redet, damit sie begreifen können, was geschieht. Mitunter kann in schwierigen Situationen auch ein Außenstehender Unterstützung geben, beispielsweise die Lieblingstante. Bei einigen meiner Patienten lässt sich hier ein deutliches Defizit erkennen. Sie zeigen Symptome, die sie selbst nicht zuordnen können, und es stellt sich – mitunter erst nach regelrechter Detektivarbeit – heraus, dass Vater oder Mutter wohl in der Kindheit des Patienten eine psychische Krise hatte und beispielsweise an einer Depression erkrankt war. Manchmal stellen sie selbst die Diagnose im Nachhinein und sagen: *Ich denke, meine Mutter war wohl depressiv.* Andere erzählen, ihr Vater sei bei einem Psychiater in Behandlung gewesen, aber was genau der Grund gewesen sei, darüber sei nie gesprochen worden. Meist ist das noch immer ein Tabuthema, selbst jetzt, da das Kind erwachsen und längst ausgezogen ist. Dieses Schweigen hat oberflächlich betrachtet vielleicht die Funktion, sich gegenseitig zu schützen. In Wahrheit aber verhindert es Nähe.

Schutz bedeutet es jedenfalls nicht. Kinder spüren immer, wenn etwas nicht in Ordnung ist. Aber wenn nicht darüber gesprochen wird, haben sie dafür keine Worte. Es ist beruhigend, wenn Dinge einen Namen haben. Wenn wir als Kinder von unseren Eltern die zutreffenden Bezeichnungen für unsere Gefühlszustände erlernen, hilft uns das, mit unseren

Gefühlen besser umzugehen, als wenn sie auf einer unbenannten körperlichen Ebene bleiben und wir sie nicht einordnen können. Denn dann bleibt es bei einem diffusen Gefühl, bei dem das Kind – und später der Erwachsene – davon ausgeht, dass es zu ihm gehört und nichts mit anderen zu tun hat. Was sich daraus entwickelt, kann beispielsweise ein Gefühl der besonderen Vorsicht und des Abstandhaltens anderen Menschen gegenüber sein, das Nähe verhindert. Das Kind hat gelernt, am besten nicht nachzufragen, wenn es jemandem schlecht geht, denn das wird nicht gern gesehen. Diese früh erlernte Haltung ist mittlerweile vollkommen unbewusst, und als Erwachsener begreift so mancher Mann vielleicht nicht, warum seine Partnerin ihm immer wieder vorwirft, dass er sich nicht für ihr Befinden interessiert. Da muss ein Therapeut später lange buddeln, um auf die Ursachen zu stoßen.

Die Eltern sprechen nicht über die Vergangenheit, weil sie hoffen, das Kind habe damals nichts bemerkt und es habe keinerlei Auswirkungen gegeben. Die Kinder fragen nicht nach: »Was war denn damals eigentlich genau mit Mama/Papa?«, weil das alte Tabu noch immer wirksam ist.

SELBSTVERSTÄNDLICH gilt auch hier, dass ein solches Gespräch, solange das Kind noch klein ist, in einer Weise stattfinden soll, die es nicht unnötig ängstigt und die ihm keinerlei Verantwortung für die Situation aufbürdet, nach dem Motto: *Wir müssen jetzt aber alle ganz lieb sein.* Aber spätestens, wenn Ihr Kind volljährig ist, sollten solche Dinge mit aller Klarheit auf den Tisch kommen.

Es gibt einen alten psychologischen Lehrsatz, der lautet: Information ist angstreduzierend. Wenn jemand erst als Erwachsener erfährt, dass er adoptiert wurde oder dass sein Vater gar nicht sein leiblicher Vater ist, kann das natürlich zu erheblicher Unruhe in der Familie führen. Das ist dann allerdings keine Bestätigung dafür, dass man besser den Mund gehalten und das Geheimnis bewahrt hätte, sondern dafür, dass man viel zu lange geschwiegen hat. Dem Kind tut man damit keinen Gefallen.

In einem Fall habe ich miterlebt, wie ein Jugendlicher erfuhr, dass der Mann, den er für seinen Vater hielt, in Wahrheit nur sein Stiefvater war. Er reagierte allerdings ausgesprochen cool auf diese Nachricht. Er hatte kein schlechtes Verhältnis zu seinem vermeintlichen Vater, aber er spürte, ohne es benennen zu können, dass etwas zwischen ihnen nicht ganz stimmte. Die Wahrheit zu erfahren hatte unterm Strich keinerlei negative Auswirkungen auf die Familie. Etwas für den Jugendlichen vorher schwer Greifbares – nämlich das Gefühl: *Ich bin so ganz anders als mein Vater* – hatte endlich eine Erklärung gefunden.

Je später im Leben man diese Wahrheiten erfährt, desto größer ist allerdings die Gefahr, dass man sich betrogen fühlt, so viele Jahre mit einer Lüge gelebt zu haben, und damit einen ganzen Teil seiner persönlichen Geschichtsschreibung als Fälschung erkennen zu müssen.

Natürlich gibt es nicht nur den Fall, dass Eltern Geheimnisse vor ihren Kindern haben. Auch Erwachsene haben mitunter Geheimnisse vor ihren Eltern.

Gleich mehrfach hatte ich Patienten in Behandlung, die schwul oder lesbisch waren, die darüber jedoch nie mit den

Eltern gesprochen hatten. Dass eine Beziehung nicht sehr innig sein kann, in der zentrale Dinge des eigenen Lebens verschwiegen werden müssen, ist wohl klar. Jedenfalls gingen alle diese Menschen davon aus, ihre Eltern hätten dafür *niemals* Verständnis. Ich ermutige meine Patienten nicht zu einem Coming-out den Eltern gegenüber. Schließlich kenne ich die Herrschaften nicht und habe keine Ahnung, wie vernagelt die vielleicht sind.

Einige von ihnen wagten – durch die Therapie mit einem stabileren Selbstwertgefühl ausgestattet – den Schritt dennoch. Es mag Zufall sein, aber in jedem dieser Fälle ging die Sache gut aus. Abgesehen vielleicht davon, dass meine Patienten doch etwas enttäuscht darüber waren, wie wenig spektakulär die Eltern diese Eröffnung aufnahmen. Die meisten Menschen sind stolz darauf, sich weiterzuentwickeln. Manche Eltern sind eben auch stolz darauf, wie tolerant sie plötzlich sein können. Auch wenn sie das vorher vielleicht selbst nicht von sich gedacht hätten.

Natürlich verbessert sich nach der Offenbarung eines solchen Geheimnisses häufig auch die Beziehung. Schließlich hat nun endlich etwas einen Namen bekommen, das vorher als namenloses Gespenst mit in der Familie lebte. Die Eltern sind ja nicht doof und haben sich bestimmt schon einmal in einer ruhigen Minute Gedanken darüber gemacht, warum die Tochter nicht endlich einen Freund, der Sohn nicht endlich eine Freundin mit nach Hause bringt. Wenn sie das Thema niemals angesprochen haben, dann wahrscheinlich deshalb, weil sie selbst aus einer Familie kommen, in der Dinge nicht angesprochen wurden. Vielleicht reagierten die Eltern auch so entspannt, weil sie erleichtert waren zu erfahren, dass ihr

Kind also doch beziehungsfähig ist, selbst wenn der Beziehungspartner nicht dem von ihnen bevorzugten Schwiegergeschlecht angehört.

Sich in Familien auch mit etwas schwierigeren Themen zu befassen, ist eher eine Erfindung der Jetztzeit. Noch vor wenigen Jahrzehnten gab es in den meisten Familien nur zwei Varianten: Man stritt sich – oder man kehrte Dinge unter den Teppich.

Übrigens: Dass Information angstreduzierend ist, gilt für Unausgesprochenes innerhalb der Familie, aber auch für ganz andere Bereiche.

Ich hatte einmal eine Patientin, die unter anderem unter Flugangst litt. Bei einer Reise ergab es sich, dass sie zufällig neben einem ehemaligen Piloten saß. Sie erzählte, das sei die angenehmste Flugreise ihres Lebens gewesen. Er habe ihr unterwegs immer wieder erklärt, was gerade geschah, und das habe ihr geholfen, alles, was sie sah und hörte und bisher überaus beunruhigend fand, richtig einzuordnen. Allein, dass er so entspannt war, hat wahrscheinlich erheblich dazu beigetragen. Nicht nur Kinder brauchen also, dass mit der Situation Vertrautere etwas für sie einordnen, damit sie beruhigt sein können.

Sind Sie ein Smombie?

Natürlich können wir diesen Themenbereich nicht abschließen, ohne auch über den digitalen Egozentrismus zu sprechen.

Hirnforscher, und zwar nicht nur die alten mit den grauen Bärten, sondern auch die jungen Forscherinnen mit den schicken High Heels machen sich erhebliche Sorgen darüber, wie der Umgang mit modernen Medien sich auf unser Gehirn und damit auf uns Menschen und die Menschheit insgesamt auswirken wird. Es ist keiner dabei, der Smartphones und Internet nicht für eine überaus praktische Sache hält. Aber ebenso wird niemand bestreiten, sei er Wissenschaftler oder unbefangener Endverbraucher, dass es in diesem Bereich Entwicklungen gibt, die überaus besorgniserregend sind.

Im Frühjahr 2015 hingen in Frankfurt am Main überall Plakate. Aus der Perspektive eines Kindes im Kinderwagen war darauf eine Mutter zu sehen, die auf ihr Smartphone starrt, während sie den Wagen schiebt. Darunter stand zu lesen: *Sprechen Sie lieber mit Ihrem Kind!*

Die Urheber der Aktion, Initiativen und Einrichtungen der Stadt Frankfurt, bezogen sich damit direkt auf die Ergebnisse der Bindungsforschung, die besagen, wie wichtig der enge Kontakt zur Mutter vor allem in den ersten beiden Lebensjahren ist, um später selbst bindungs- und empathiefähig zu sein und zu lernen, mit den eigenen Emotionen umzugehen und seine Impulse zu kontrollieren. Es reicht eben nicht aus, dass jemand da ist und dafür sorgt, dass dem Kind kein körperlicher Schaden entsteht.

Kein Mensch hat irgendetwas dagegen, wenn die Mutter eines kleinen Kindes einen eingehenden Anruf annimmt. Aber wenn sie sich ständig ablenken muss, weil der Kontakt mit ihrem Kind sie langweilt – dann wird's kritisch.

BEOBACHTEN Sie einmal, wie viel Zeit Sie in der realen und wie viel Zeit Sie in der virtuellen Welt verbringen. Vor allem, wenn Sie Nachwuchs planen. Wenn Ihr Kind erst mal auf der Welt ist, braucht es Sie und Ihre ungeteilte Aufmerksamkeit.

In einer Studie wurde erforscht, warum Studenten heute so oft das Gefühl haben, viel zu wenig Zeit zu haben, und inwieweit das möglicherweise mit zunehmendem Druck im Studium zusammenhängt. Man bat sie, über mehrere Wochen hinweg aufzuschreiben, womit sie ihre Zeit verbrachten. Die Teilnehmer der Studie waren geschockt darüber, wie viele Stunden sie beim Surfen im Internet und dort speziell in sozialen Medien verbrachten.

Egal, ob in der Familie oder im Beruf: Wer ständig Angst hat, etwas zu verpassen, verpasst dabei das Wichtigste.

Auch wenn es hier naturgemäß eher um die psychischen Auswirkungen übermäßiger Handynutzung geht, möchte ich kurz auch die Gefahren für Leib und Leben streifen.

An meinem Wohnort gab es im vergangenen Jahr aus gegebenem Anlass eine Aktion, bei der an vielen Straßenbahnhaltestellen neben den Gleisen die lebensgroße Pappfigur eines männlichen oder weiblichen Jugendlichen aufgestellt wurde, der gerade auf sein Smartphone schaute. Also eines sogenannten Smombies, eines Smartphone-Zombies, der zombieartig durch die Gegend läuft, ohne mitzukriegen, dass es auch noch eine Außenwelt gibt. Unmittelbar neben dem Aufsteller war auf den Gleisen ein weißer Umriss aufgezeichnet, wie man ihn aus Krimis kennt, wenn es einen Unfall oder einen Mord gegeben hat. Daneben stand: Game over.

Die Aussage war klar: *Wenn du nicht aufpasst, sondern stattdessen nur auf dein Handy starrst, kann es passieren, dass es von dir hier bald auch ein solches Kreidebild geben wird.*

Inwieweit die Aktion tatsächlich – und sei es auch nur kurzfristig – etwas bewirkt hat, kann ich nicht beurteilen. Ich bin eher skeptisch. Gefühlt sind hier vor Ort die Meldungen über Jugendliche nicht zurückgegangen, die verletzt oder getötet wurden, weil sie die Straße überquert hatten, ohne den Blick vom Display des Handys zu lösen, und die obendrein vielleicht auch noch Kopfhörer aufhatten. Ich frage mich auch, wie viele von ihnen die Aktion überhaupt wahrgenommen haben.

Zurzeit, da ich das schreibe, ist gerade das Spiel Pokémon Go herausgekommen, das Game-Figuren in die reale Welt des Spielers projiziert. Mit den ersten Spielern, mit denen ich gesprochen habe, war ich mir einig darüber, dass es Tote geben wird. Noch am selben Tag kam tatsächlich in den Nachrichten der Bericht über eine Fünfzehnjährige aus den USA, die das Spiel nur durch Glück überlebt hatte. Auf der Suche nach einem Pokémon war sie mitten auf eine vierspurige Straße gelaufen und dort angefahren worden.

Neulich habe ich – wenngleich in einem weitaus harmloseren Zusammenhang – hautnah einen solchen Smombie erlebt.

Die Bankfiliale, zu der ich meistens gehe, hat eine Drehtür. In Augenhöhe steht groß und in roter Schrift auf jeder der Glastüren zu lesen: *Bitte Scheibe nicht berühren.* Ab und zu tut das trotzdem mal jemand, aus Spaß oder aus Versehen. Dann bleibt die Tür kurz stehen, bevor sie sich weiterbewegt. Wahrscheinlich hat es irgendetwas mit Schutz vor Banküberfällen zu tun, nach dem Motto: Je schneller hier einer die Bank verlassen will, desto langsamer geht's.

An dem fraglichen Tag befand sich vor mir im selben Drehtürsegment ein junges Mädchen mit ihrem Smartphone im Anschlag. Ohne während der gesamten Aktion auch nur ein einziges Mal den Blick von dem Ding zu heben, beschloss sie offenbar, das Ganze dauere ihr zu lange und sie schiebe die Tür besser etwas an. Natürlich blieb die daraufhin prompt stehen. Kaum hatte sie sich wieder in Bewegung gesetzt, hob die junge Frau erneut (den Blick noch immer auf das Display geheftet) die Hand und brachte die Tür ein weiteres Mal zum Halten. Sie bewegte sich wieder, dann hatten wir es endlich hinter uns und waren frei.

Möglicherweise hat sich die junge Frau anschließend bei ihren Freundinnen beschwert, dass die Bank es trotz ihres vielen Geldes nicht fertigbringe, ihre lahme Drehtür zu reparieren. Dass sie das Phänomen selbst hervorgerufen hat, wird sie vielleicht nie erfahren, denn um die Schrift lesen zu können, müsste sie einmal den Kopf heben.

2015 hat die Landesanstalt für Medien Nordrhein-Westfalen (LfM) die Ergebnisse einer Studie zur Handy- und mobilen Internetnutzung von Kindern und Jugendlichen zwischen acht und vierzehn Jahren veröffentlicht. Das ist das Alter, in dem der Einfluss der Gleichaltrigen zu- und der des Elternhauses langsam abnimmt. 64 Prozent können laut Studie in dieser Altersstufe über Handy oder Smartphone auf das Internet zugreifen. Betrachtet man dabei nur die Untergruppe der Dreizehn- bis Vierzehnjährigen, sind es schon 86 Prozent.

Wenn Ihre achtjährige Tochter Ihnen erzählen will, sie sei die Einzige in der Klasse, die noch kein Handy habe, ist folglich Skepsis angebracht. Zumal namhafte Hirnforscher empfehlen, einem Kind vor der Pubertät überhaupt kein Handy zu geben. Auch das häufig von Eltern anführte Argument, es sei doch beruhigend, das Kind jederzeit erreichen zu können, ist nicht wirklich überzeugend, denn das wäre nur der Beweis dafür, dass die jetzige Generation weniger lebenstüchtig ist als die vorangegangenen und ständig auf elterlichen Beistand angewiesen.

Sofern Sie dieser Vor-Handy-Generation entstammen: Haben Sie wirklich zwischen acht und vierzehn Jahren im Alltag so sehr darunter gelitten, dass Ihre Eltern Sie nicht jederzeit erreichen konnten? Oder umgekehrt Sie nicht Ihre Eltern?

Zumindest im Grundschulalter sollte Ihr Kind kein Handy besitzen. Ist es einmal unbedingt nötig, dass Sie es erreichen müssen, geben Sie ihm für diesen Tag ausnahmsweise eins mit.

Falls es damit argumentiert, dass andere schon eins besitzen, sprechen Sie mit ihm darüber, warum Sie das dennoch nicht möchten. Mit allem, was nach Willkür klingt (»Du brauchst noch keins« – »Du kannst damit noch nicht umgehen«), werden Sie keinen Erfolg haben. »Es schadet deiner Entwicklung« ist näher an der Realität, auch wenn Ihr Kind es noch nicht wird begreifen können.

Bei 21 Prozent der Acht- bis Vierzehnjährigen hat die Handynutzung besorgniserregende Ausmaße angenommen, 8 Prozent gelten als suchtgefährdet. In ihrer Studie betonen die Forscher, dass vor allem *die* Kinder und Jugendlichen gefährdet sind, das Medium exzessiv und risikoreich zu benutzen, die Angst vor Ausgrenzung haben.

Als wichtigsten Schutzfaktor geben sie hingegen die Fähigkeit zur Selbstregulation an, die Kinder und Jugendliche in die Lage versetzt, das Handy achtsam einzusetzen. Damit sind wir wieder direkt bei der Bindungstheorie. Ein sicher gebundenes Kind hat in der Regel kaum Probleme, seinen Platz in der Gruppe der Gleichaltrigen zu finden, und es fällt ihm auch nicht allzu schwer, seine Gefühle zu regulieren und nicht in eine Sucht – gleich welcher Art – zu verfallen.

Als problematisch bezeichneten die Wissenschaftler, dass etwa 15 Prozent der Eltern überhaupt nicht in die Handynutzung ihrer Kinder eingreifen. Wer in diesem Bereich so passiv ist, bei dem steht zu befürchten, dass er sich auch in anderen Bereichen aus der Erziehung verabschiedet hat.

Jedenfalls betonen auch die Verfasser der Studie, dass die Qualität der Beziehung zu den Eltern sowie deren Vorbildfunktion die größte Rolle spielt, wenn es um die Frage geht, ob das Kind in seinem Handy ein nettes Hilfsmittel sieht oder ob es ihm die Realität ersetzt.

Gewarnt wird auch davor, Handyerziehung ausschließlich in der Weise zu verstehen, dass eine bestimmte Nutzungsdauer pro Tag festgelegt wird. Das ist an sich keine schlechte Idee, reicht allerdings nicht aus.

Es wurde auch festgestellt, dass Eltern oft erst dann wach werden, wenn das Kind schon in den Brunnen gefallen ist, sei es, dass es Opfer von Mobbingattacken geworden ist oder sich selbst daran beteiligt hat, sei es, dass es Daten oder Fotos preisgegeben und sich damit in Schwierigkeiten gebracht hat, sei es, dass es sich einer Rechteverletzung schuldig gemacht hat durch illegalen Musikdownload oder durch Nutzung von urheberrechtlich geschützten Fotos.

Für bedenklich halten die Forscher Eltern, die selbst von Handys und deren Bedeutung für Jugendliche keine Ahnung haben und darum entweder die Handynutzung extrem einschränken oder aber ihre Kinder aus Hilflosigkeit einfach gewähren und damit auch schutzlos lassen.

Genauso ungern sehen die Forscher aber auch die Elterngruppe, die selbst so begeisterte Handynutzer sind, dass sie das sogenannte Always-on, also das Handy, das praktisch nur nachts zur Seite gelegt wird, für völlig normal halten.

Positiv bewerten die Forscher die Eltern, die sich über die Wichtigkeit des Handys für ihre Kinder informiert haben, aber auch über die lauernden Gefahren, und die mit ihren Kindern darüber sprechen und versuchen, mit ihnen gemeinsam Kompromisse zu finden.

WENN Sie Kinder haben, überlegen Sie, ob Sie mit dem Ausmaß Ihrer eigenen Handynutzung zufrieden sind oder ob Sie es vielleicht übertreiben.

Ist Letzteres der Fall, sind alle Bemühungen, die Handynutzung Ihrer Kinder begrenzen zu wollen, für die Katz. Dem Komiker Karl Valentin wird der Spruch zugeschrieben, dass man Kinder nicht zu erziehen brauche, sie machten ihren Eltern sowieso alles nach.

Seien Sie in erster Linie ein gutes Vorbild. Wenn Sie kein Kind haben wollen, das sich ständig in anderen Welten aufhält und darüber möglicherweise sogar irgendwann ein Auto oder eine Straßenbahn übersieht, schränken Sie Ihre eigene Handynutzung sein.

HANDELN Sie mit Ihrem Kind aus, wann und wie das Handy genutzt werden darf und wann nicht, und halten Sie sich vor allem auch selbst daran.

Eine Mutter, die stolz verkündet: »Ich darf das – ich bin ja auch erwachsen«, ist alles andere als das. Sondern lediglich eine ältere Schwester im Ätschibäh-Modus.

Übrigens: Kommunizieren mit dem Handy in Anwesenheit anderer wird auch von den Jugendlichen, die es selbst praktizieren, als unhöflich empfunden. Das verwundert nicht, denn auch sie kennen ja die unangenehmen Situationen, wenn der Freund oder die Freundin ein Gespräch plötzlich unterbricht, weil gerade eine Nachricht kommt.

Neben den bereits erwähnten Gefahren sehen die Hirnforscher in der Handydauernutzung sowohl bei Kindern als auch bei Erwachsenen noch eine ganz andere Gefahr. Um das deutlich zu machen, möchte ich Ihnen zunächst erklären, was es mit dem Default Mode auf sich hat.

Mit *Default Mode* bezeichnen die Wissenschaftler einen Zustand unseres Gehirns, in dem wir ungefähr die Hälfte unserer wachen Zeit verbringen. Die Hälfte! Die deutsche Übersetzung *Ruhemodus* trifft es nicht so gut, ebenso wenig wie *Tagträumen,* denn in diesem Zustand, in dem ganz bestimmte Hirnareale miteinander vernetzt sind, ruht lediglich unser bewusstes Denken. Unser Unbewusstes ist sehr aktiv, stellt Zusammenhänge her und entwickelt neue Ideen. *Standardeinstellung* ist der passendere Begriff dafür.

Je besser diese Areale miteinander vernetzt sind, desto besser können wir uns Dinge merken, desto kreativer sind wir, desto besser gelingt es uns, uns unserer eigenen Gedanken bewusst zu sein und – für unser Thema besonders wichtig – die Perspektive anderer einzunehmen. Andersherum ausgedrückt: Wenn es mit der Standardeinstellung bei uns nicht so gut funktioniert, können wir uns Dinge schlechter merken, wir haben keine Ideen und können weder uns selbst noch andere begreifen. Wenn wir uns weiterentwickeln und geistig und sozial, also im Umgang mit anderen Menschen, leistungsfähig bleiben wollen, brauchen wir die

Zeiten, in denen bewusstes Denken und Aufmerksamkeit ruhen und das unbewusste Denken mittels Verknüpfungen und Assoziationen seinen wichtigen Aufgaben nachkommen kann.

Und zwar nicht nur nachts, sondern auch in der Hälfte unseres Wachzustands.

Übrigens: In den Default Mode kommen Sie nicht in völlig reizarmer Umgebung, sondern während automatisierter Abläufe. Völlige Reizarmut hingegen kann unser Gehirn nicht ausstehen. Wenn man Menschen in einem komplett leeren Raum längere Zeit warten lässt und ihnen lediglich einen Gegenstand überlässt, mit dem sie sich Stromstöße versetzen können, beginnen sie nach einiger Zeit aus purer Langeweile, sich selbst mit dem Gerät zu piesacken. Alles besser als gar nichts.

JEDEN Tag gibt es unendlich viele Situationen, in denen unser Gehirn von Konzentration, also der Aufnahme von Reizen, auf Standardeinstellung umschaltet, also Verarbeitung, Einordnung und Weiterentwicklung der aufgenommenen Reize und Aufgaben. Das können kurze Wartezeiten an der Ampel sein, langweilige Autofahrten, das Warten auf die nächste Straßenbahn oder auf das Bestellte im Restaurant. Nutzen Sie diese Zeiten für die wichtigen Aufgaben Ihres Gehirns.

Wenn Sie stattdessen in diesen Pausen zum Handy greifen, um Ihrem Gehirn weiteren Input zuzuführen, dann kann das nach einhelliger Meinung der Hirnforscher fatale Folgen haben, die wir noch gar nicht in ihrem vollen Umfang absehen können.

Übrigens: Richtig perfide fand ich vor einiger Zeit die Fernsehwerbung eines Mobilfunkanbieters, dem es darum ging, einen speziellen Handytarif für Kinder an die Kundschaft zu bringen.

Inhalt des Clips war eine Klassenfahrt. In den Hauptrollen: zickige Lehrerin, die etwas gegen Handys hat, entspannte begleitende Mutter, die Handys toll findet. Zickige Lehrerin fand es nicht toll, dass pausenlos rumgedaddelt wurde. Bis zu dem Moment, als sie beim Überqueren einer Hängebrücke einbrach und man einen Notruf hätte absetzen müssen. Die Kinder konnten auch nicht helfen, denn sie hatten entweder kein Netz oder kein Guthaben mehr. Entspannte Mutter rettete durch Handynutzung zickige Lehrerin. Der Spot endet mit dem Hinweis, die Lehrerin besitze jetzt auch ein Handy.

Niemand denkt über Werbeclips groß nach, und das ist auch so gewollt, denn sie sollen in erster Linie an unsere Gefühle appellieren. In diesem Fall: Es ist grob fahrlässig, kein Handy zu besitzen, denn es kann immer etwas Schlimmes passieren. Und, noch subtiler: Stellt euch vor, was hätte passieren können, wenn die Lehrerin mit ihrer kruden Weltsicht sich durchgesetzt hätte und niemand ein Handy dabeigehabt hätte! Und es wäre nicht ihr etwas passiert, sondern einem der Kinder!

Dieses Gefühl überdeckt alle rationalen Überlegungen, wie zum Beispiel: Warum bringen die doofen Eltern ihren Kindern nicht als Erstes bei, dass der Notruf beim Handy immer funktioniert, auch wenn kein Guthaben mehr drauf ist? Nützt es jemandem, der sich verzweifelt mit beiden Händen an einer durchgekrachten Hängebrücke festhält, denn irgendetwas, wenn sich in seiner Hosentasche ein Handy befindet? Und vor allem – wie viele Menschen sind in Deutschland in den vergangenen fünfzig Jahren überhaupt bei Hängebrückenunfällen zu Schaden gekommen?

In den letzten Jahren hat es durchaus schon Experimente gegeben, mit Eltern zu vereinbaren, dass bei einer Klassenfahrt ihrer Sprösslinge die Handys zu Hause gelassen wurden. Die Jugendlichen berichteten anschließend, zunächst sei der Entzug heftig gewesen, aber irgendwann hätten sie das Ganze interessant gefunden. Und seitdem benutzten sie das Ding etwas seltener als vorher.

Wow, kann ich da nur sagen. Noch im Nachhinein erschauere ich ob der Tatsache, in welch einer gefährlichen Welt wir früher gelebt haben. Wir haben Klassenfahrten immer ohne Handy gemacht, wir tollkühnen Höllenhunde!

Nicht dass Sie mich falsch verstehen. Auch ich halte Handys für eine tolle Sache. Ich nutze meins nicht nur zum Telefonieren, sondern auch zum Fotografieren und als Diktiergerät. (Spielen tue ich damit nur deshalb nicht, weil ich dafür Tablet oder Konsole bequemer finde.)

Aber bei Kindern sehe ich unter anderem zwei wesentliche Probleme: Das eine ist die Sache mit der Standardeinstellung im Gehirn, die so wichtig für uns ist und die durch ständige Handynutzung zu häufig ausgeschaltet wird. Das andere ist die paradoxe Tatsache, dass gerade durch die scheinbare

Notwendigkeit pausenloser gegenseitiger Erreichbarkeit zwischen Eltern und Kindern ein Gefühl ständigen latenten Bedrohtseins erzeugt wird, das durch die Verbreitung von Horrorszenarien im Internet, die nichts mit der Realität zu tun haben, noch verstärkt wird.

Auch als ich klein war, wurde ich von meinen Eltern streng ermahnt, mich auf der Straße nicht von fremden Menschen ansprechen zu lassen und schon gar nicht mit ihnen mitzugehen. Das war damals wie heute richtig und notwendig.

Allerdings schätzt die überwiegende Mehrzahl die Bedrohung ihrer Kinder beispielsweise durch Sexualstraftäter vollkommen falsch ein. Noch immer ist ein Kind von sexuellen Übergriffen weitaus am häufigsten in seinem unmittelbaren Umfeld betroffen, denn die Täter entstammen meist der Familie, Verwandtschaft oder Nachbarschaft. Auch unter meinen Patienten gibt es zahlreiche, die als Kind Opfer sexuellen Missbrauchs wurden. Ich kann mich jedoch an keinen Fall erinnern, in dem der Täter dem Kind nicht bereits vorher bekannt war oder eben sogar der eigenen Familie oder dem direkten Umfeld entstammte.

Was den fremden Mann betrifft, der das Kind entführen könnte, so wissen die meisten Menschen nicht, dass die Zahl der Sexualmorde an Kindern seit den 1950er-Jahren stetig zurückgegangen ist. Im Jahr 2013 hat es beispielsweise in Deutschland keinen einzigen gegeben.

Übrigens: Menschen neigen generell dazu, das Ausmaß an Verbrechen und Gewalt in unserer heutigen Zeit überzubewerten. Kriminologen gehen davon aus, dass sie zumindest hierzulande auch nicht zunehmen werden. Dafür haben sie zwei gute Argumente.

Zum einen, dass unsere Gesellschaft immer älter wird und dass ältere Menschen seltener Verbrechen begehen. Statistisch eine glasklare Sache. Möglicherweise wird dieser Trend etwas gebremst werden dadurch, dass sich die Zahl der Migranten erhöht hat. Das hat nichts damit zu tun, dass da besonders schlechte Menschen kämen, sondern schlicht und einfach damit, dass junge Männer statistisch gesehen am ehesten dazu neigen, Dinge zu tun, die sie nicht tun sollten. Das trifft auf jedes Land zu und ist unabhängig von der Herkunft. Möglicherweise wird die Verbrechensrate also eventuell auf ein Maß ansteigen, das wir hatten, als wir noch weniger überaltert waren. Den gleichen Anstieg hätten wir auch, wenn es uns gelänge, unsere Geburtenrate zu erhöhen.

Der zweite Grund, der die Kriminologen optimistisch stimmt, was die Abnahme der Verbrechensrate angeht, ist die Tatsache, dass Gewalt in den Familien in Deutschland stark zurückgegangen ist. Niemand weiß besser als die, die sich hauptberuflich mit Straftätern befassen, dass sie fast ausnahmslos aus Familien stammen, in denen Gewalt und Verwahrlosung eine Rolle gespielt haben. Daher gehen die Kriminologen davon aus, dass durch den veränderten Umgang der Eltern mit ihren Kindern einfach weniger Verbrecher nachwachsen werden.

Es ist wichtig, dass Sie Ihre Kinder stärken und sie nicht schutzlos in die Welt schicken. Aber es ist ebenso wichtig, eine ungefähre Ahnung davon zu haben, wie groß die Gefahr überhaupt ist, um Ihrem Kind auch die Gelegenheit zu geben, zu wachsen und selbstständig zu werden.

Übermäßige Handynutzung geht auch bei Erwachsenen zu Lasten der Beziehungen zu anderen Menschen, schlimmstenfalls zu Lasten der Bindungsfähigkeit der Kinder, die damit aufwachsen, dass ihre Mutter ein viereckiges Loch im Gesicht hat.

Richtig gefährlich wird die Sache dann, wenn der automatische Griff bereits Suchtcharakter hat und Sie mit Anzeichen eines Entzugs reagieren, sobald dieser Ihnen verwehrt ist.

Ich hatte heute Morgen einen Arzttermin. Bereits hinter der Eingangstür hängt unübersehbar ein großer Hinweis: *Bitte Handys ausschalten!* Das gleiche Plakat hängt noch einmal im Wartezimmer. Das Wartezimmer ist nicht allzu groß, dennoch ist jedes Mal mindestens einer dabei, der die Schilder ignoriert, und das sind durchaus nicht nur die Jüngeren.

Übrigens: Dass der Default Mode auch bei Politikern funktioniert, wäre überaus wünschenswert. Schließlich hilft er, gute Ideen zu entwickeln und vernünftige Entscheidungen zu treffen.

Ich weiß nicht, ob Bundestagsdebatten heute im Fernsehen von weniger Menschen verfolgt werden als früher, aber ich gehe mal stark davon aus. Sollte jemand tatsächlich auf die Idee kommen, da reinzuschalten, wird ihm sofort signalisiert: *Lohnt sich nicht, ist langweilig!* Warum sonst sollten selbst die Volksvertreter auf der Regierungsbank, anstatt den Ausführungen ihrer Kollegen zu lauschen, damit beschäftigt sein, auf ihren Handys und Tablets rumzuwischen?

Mir ist es ein Rätsel, warum der Parlamentspräsident nicht gleich beim ersten derartigen Vorfall eine strenge Rüge ausgesprochen hat. In jeder Schulklasse würde sich der Lehrer gegen ein solches Verhalten verwahren – aber bei denen, die Vorbild sein sollten, ist das anscheinend völlig okay.

Das Nürnberger Meinungsforschungsinstitut GfK ermittelte kürzlich in einer internationalen Studie, dass im Durchschnitt die Hälfte der Bewohner der von ihnen untersuchten Länder ständig erreichbar sein will. Deutschland liegt bisher mit 16 Prozent, auf die das zutrifft, beruhigenderweise im hinteren Feld.

Natürlich mag das reiner Zufall sein, aber die Länder, die beim Always-on auf den vorderen Rängen stehen, tun sich in den Nachrichten nicht gerade als die hervor, in die man unbedingt sofort auswandern möchte.

Nicht nur bei der Benutzung des Handys sind die scheinbar langweiligen Auszeiten wie kleine Kuren für Ihr Gehirn.

Man hat festgestellt, dass Menschen, die ihre geschäftlichen E-Mails nur dreimal am Tag checken, sich konzentrierter, weniger gestresst und insgesamt wohler fühlen als die, die das ständig tun. Was kein Wunder ist. Wer seinem Gehirn nie Zeit gibt, in Standardeinstellung zu gehen, braucht sich irgendwann über einen Systemabsturz nicht zu wundern.

Ich kenne einige Menschen, die in Ihrem Beruf ab und zu Bereitschaftsdienst haben. Keiner von ihnen schätzt das besonders, denn es bedeutet, sich nicht wirklich entspannen zu können, sondern ständig damit rechnen zu müssen, alarmiert zu werden.

Es gibt tatsächlich nur sehr wenige Situationen, die es erfordern, sich dem *freiwillig* auszusetzen. Ihre Frau, beste Freundin oder Tochter liegt in den Wehen, und Sie befinden sich auf einem anderen Kontinent. Jemand, der Ihnen sehr nahesteht, ist lebensbedrohlich erkrankt. Darüber hinaus gibt es nur wenige Gründe, die erfordern, dass Sie Ihr Handy ständig eingeschaltet lassen.

Das gilt umso mehr, wenn Sie in Ihrer Kindheit keine sichere Bindung erfahren haben.

WENN Sie als Kind die Welt nicht als einen schönen Ort kennenlernen durften, in dem man Beruhigung und Entspannung finden kann, befinden Sie sich möglicherweise sowieso schon in einem latenten Alarmzustand, wofür die dauerhafte Erhöhung von Stresshormonen in Ihrem Blut sorgt. Heizen Sie das nicht noch zusätzlich an. Schalten Sie Ihr Handy aus, wenn es keinen guten Grund dafür gibt, es eingeschaltet zu lassen.

Das Gleiche gilt für Nachrichten. Früher kamen sie einmal am Tag in Form der Tageszeitung ins Haus, später in Form der Fernsehnachrichten punkt acht Uhr abends. Was im Radio zu hören war, war in der Regel eher kurz und knapp und beschränkte sich auf einige wenige Meldungen. Sollte einmal vor etwas gewarnt werden, beispielsweise vor möglicherweise giftigen Dämpfen, die einer nahe gelegenen Chemiefabrik entwichen waren, fuhr ein Lautsprecherwagen durch die Stadt und forderte die Bürger auf, die Fenster geschlossen zu halten.

Wir erfuhren Dinge dann, wenn sie bereits geschehen waren. Heute suchen Menschen oft stündlich die einschlägigen Nachrichtenportale auf oder haben sogar eine App, die sie umgehend über jede Katastrophe irgendwo auf der Welt informiert.

Bei vielem sind wir in Echtzeit dabei, wie bei dem Amoklauf, der im Juli 2016 in München stattfand. Früher hätten wir am nächsten Tag erfahren, dass es sich um einen einzelnen Täter handelte, der sich schließlich selbst erschossen hatte. Heute bekommen wir nicht nur in Endlosschleife die verstörenden Bilder einer Tat ins Haus geliefert, von der wir noch nicht wissen, wie sie ausgehen wird, sondern darüber hinaus ungefiltert auch jedes Gerücht, das im Umfeld entsteht. In diesem Fall, es handele sich um drei schwarz maskierte Täter mit Langwaffen (die sich später als Polizisten herausstellten), und es sei auch an anderen Stellen in der Stadt zu Schießereien gekommen (was nicht stimmte). Zusätzlich werden die Livesendungen gefüllt mit Interviews von Menschen, die voller Panik sind, weil sie eben auch noch gar nicht wissen, was überhaupt los ist.

All dies trägt dazu bei, dass viele der Meinung sind, die Welt werde zu einem immer unsichereren Ort. Die Statistiker können dem nicht zustimmen und weisen nicht nur darauf hin, dass die Anzahl der Todesopfer durch Terroranschläge in Europa seit den 1980er-Jahren nicht gestiegen ist, sondern auch darauf, dass hierzulande die Wahrscheinlichkeit, Opfer eines Terroranschlags zu werden, unter der liegt, beim Essen zu ersticken.

Es ist wichtig zu verstehen, dass unser veränderter Umgang mit Nachrichten dazu führt, dass unser subjektives Gefühl von Bedrohung sich verändert.

Fatal wird das spätestens dann, wenn als Realität nicht mehr das gesehen wird, was sich in Fakten und Zahlen ausdrückt, sondern das, was wir fühlen.

Wer früh im Leben häufig Gefühle des Ungeschütztseins oder gar der Bedrohung erlebt hat, für den weckt die permanente Überflutung mit Katastrophenmeldungen immer wieder die alten Ängste. Es *triggert* sie, wie Traumatherapeuten diesen Vorgang nennen. Der Betroffene kann das Gefühl nicht einordnen und fühlt sich wieder so ohnmächtig und schutzlos wie damals. Solange ihm diese Zusammenhänge nicht bewusst sind, wird er durch sachliche Informationen nicht zu erreichen sein und wird sie möglicherweise sogar als Lügen abtun, denn sie passen nicht zur Intensität seiner Gefühle. Er beginnt, in der *gefühlten Realität* zu leben.

SEIEN Sie vorsichtig damit, sich endlosen Nachrichtenströmen auszusetzen oder sie sogar aktiv aufzusuchen. Einen Zuwachs an nützlicher Information wird das nur in Ausnahmefällen bringen, dafür aber mit Sicherheit einen Zuwachs an Verunsicherung.

Übrigens: Multitasking gibt es nicht, wie Hirnforscher nachgewiesen haben. Lernen Sie wieder, sich in eine Sache zu vertiefen, ohne Ablenkung und ohne nebenher noch etwas anderes zu tun. Auch das ist nachgewiesen: Sie leisten nicht mehr, wenn Sie versuchen, mehrere Dinge gleichzeitig zu tun. Sie trainieren sich so auf Dauer lediglich die Fähigkeit ab, sich zu konzentrieren.

Wenn man davon ausgeht, dass psychische Reife bedeutet, Verantwortung für sich und andere übernehmen zu können und über ausreichend Impulskontrolle zu verfügen, sind sehr viele Menschen nicht wirklich erwachsen. Darum soll es im zweiten Teil dieses Buches gehen.

Wachsen

Von Schließmuskeln und Nach-Gehör-Einparkern

Der Punkt, bei dem sich am deutlichsten zeigt, wie weit wir es auf dem Weg zum Erwachsensein schon gebracht haben, ist das Thema Impulskontrolle.

Aus der Sicht der Tiefenpsychologen hat das etwas damit zu tun, wie gut es uns gelingt, zwei Persönlichkeitsanteile in Balance zu bringen, die sie Es und Über-Ich nennen.

Als *Es* wird der Anteil in uns bezeichnet, der wie ein Kind einerseits sehr lebendig ist, andererseits aber auch dazu neigt, unvernünftige Dinge zu tun. *Über-Ich* ist die Bezeichnung für den eher strengen Anteil, der sich stark an Normen und an der Meinung der anderen orientiert. Egal, ob man mehr in die eine oder mehr in die andere Richtung tendiert, ist ein Zuviel davon in jedem Fall auf Dauer ungesund.

Von Hardcore-Star-Trek-Fans abgesehen möchte niemand ernsthaft einen Vulkanier zum besten Freund haben. Es ist die außerirdische Rasse, die die völlige Beherrschung ihrer Emotionen zum Lebensmotto gemacht hat. Im wirklichen Leben wollen wir gern wissen, woran wir beim anderen sind, und das können wir nur, wenn wir spüren können, wie er gefühlsmäßig auf uns reagiert. Spüren wir das nicht, so erleben wir ihn als kühl und an uns desinteressiert, etwas das, wie bereits erwähnt, auch in einer Psychotherapie den Erfolg verhindert.

Andererseits irritiert es uns, wenn wir es mit einem Menschen zu tun haben, der ständig von Gefühlen geschüttelt wird, die uns als zu heftig erscheinen, der seine Impulse also nicht im Griff hat.

Auch zum Thema der mangelnden Impulskontrolle habe ich wieder ein Beispiel aus der Straßenbahn.

In den wenigen Sekunden, die die Bahn brauchte, um an einer Haltestelle Fahrgäste aus- und einsteigen zu lassen, konnte ich vor einiger Zeit draußen einen etwas verwahrlost wirkenden Mann beobachten, der gerade an einem Blumenstand vorbeilief. Er schnappte sich eine rote Rose und ging, ohne zu bezahlen, weiter. Dann hielt er sie einer ihm offensichtlich unbekannten Frau hin, die nebenan auf einer Bank saß. Als sie den Kopf schüttelte, warf er die Rose auf den Boden und trampelte darauf herum. Als Nächstes kam er an einem Textilgeschäft vorbei, wo er von einem im Freien stehenden Verkaufsständer im Vorbeilaufen achtlos einige T-Shirts samt Bügeln herunterriss und sich unter den Arm klemmte. Damit verschwand er um die nächste Ecke.

Von seinem Leben habe ich einen Ausschnitt von vielleicht einer viertel Minute mitbekommen. Aber es hat ausgereicht, um ahnen zu können, dass dieses Leben sicher eine absolute Katastrophe ist.

Nebenbei bemerkt: Dieser Mann ist kein Beispiel für einen klassischen Psychotherapiepatienten. Ambulante Psychotherapie setzt voraus, dass jemand imstande ist, jede Woche zur gleichen Zeit am selben Ort zu erscheinen, und in der Regel auch, dann eine knappe Stunde einigermaßen still sitzen zu können. Wahrscheinlicher ist, dass dieser Mann schon einmal in der Psychiatrie oder sogar im Gefängnis war. Und dass ihm zumindest zeitweise die Impulskontrolle völlig abhandenkommt, also etwas, was zur gesunden Reifung und zum Erwachsensein unbedingt dazugehört. Hätte man ihn gefragt, warum er all das tut, hätte man sicher eine Antwort bekommen, die ganz mit seiner eigenen Sicht der Welt zu tun hätte. Er war ausschließlich seinen Gefühlen und Impulsen gefolgt, ohne zu wissen, woher sie kommen.

Wir alle haben heftige Gefühle. Sie kennen bestimmt einen Autofahrer, der pausenlos andere Verkehrsteilnehmer beschimpft. Vielleicht hat man Sie sogar schon einmal darauf hingewiesen, dass Sie selbst einer von der Sorte sind. Wenn es Ihnen nichts ausmacht, dass niemand mehr Ihr Beifahrer sein will, und wenn Sie sich außerhalb Ihrer fahrenden Gummizelle manierlich benehmen, ist das natürlich Ihre Angelegenheit.

Heftige Gefühle sind nur dann ein Problem, wenn man sie nicht in den Griff bekommt und sich selbst oder andere gefährdet.

Fangen wir zunächst mit etwas Harmlosem an. Mit der Beherrschung des oberen Schließmuskels.

Als kleines Kind erlernt man die Beherrschung des unteren Schließmuskels. Früher versuchten Eltern das mit viel Drill zu erreichen. Offenbar herrschte die Horrorvorstellung, wenn man ein Kind nicht streng zum Töpfchengehen anhalte – zur Not, indem man es zwingt, sich täglich mehrere Stunden darauf aufzuhalten –, werde es das von allein nie lernen.

Wenn es später einmal der Aufsichtsratsvorsitzende eines multinationalen Konzerns sei, müsse es sich immer noch mitten in der Sitzung von der Sekretärin die Windeln wechseln lassen.

Heute ist man bei dem Thema zum Glück gelassener und weiß, dass Kinder es irgendwann von selbst lästig finden, große, nasse und müffelnde Pakete mit sich herumzuschleppen, und dass sie sowieso gern alles imitieren, was Erwachsene tun. Also lernen sie auch, aufs Töpfchen zu gehen, wenn sie Pipi oder Kaka müssen. Diese Lektion wird irgendwann ein so selbstverständlicher Teil von uns allen, dass wir später sehr, sehr viel Alkohol brauchen, um sie vorübergehend wieder zu vergessen.

Nach der Beherrschung des unteren Schließmuskels kommt die des oberen an die Reihe. Ein Kind spricht noch alles ungefiltert aus, was ihm durch den Kopf geht. Um dieses Verhalten zu ändern, muss man erst einmal begriffen haben, dass nicht alles, was unser kleines Universum ausmacht, auch für andere interessant ist. Für manche Menschen ist das eine Erkenntnis, die ihnen zeitlebens verwehrt bleibt.

Man muss sich mit der unangenehmen Wahrheit vertraut machen, die jeder von uns kennen sollte: Unser Leben ist für andere bei Weitem nicht so spannend wie für uns selbst.

Jeder, der sich als Autor outet, begegnet eher früher als später jemandem, der ihm erzählt, er wolle selbst auch unbedingt einmal ein Buch schreiben. Wenn man nachfragt, bekommt man in der Regel die Antwort, es handele sich dabei um eine Autobiografie. Autoren haben gelernt, in einer solchen Situation freundlich zu lächeln und die Wahrheit für sich zu behalten, die da lautet: *Vergiss es. Wenn du nicht gerade ein skandalumwitterter Superpromi bist, interessiert das nicht nur keinen Verlag, sondern auch sonst niemanden.*

Wenn wir nicht nur unser eigenes Leben überaus spannend finden, sondern auch das unseres Arbeitskollegen Hugo und sogar das seiner Tochter, sollten wir bedenken, dass die Fährnisse von Hugos Tochter für Außenstehende mit allergrößter Wahrscheinlichkeit stinklangweilig sind und sie sich den ganzen Quark normalerweise nur aus reiner Höflichkeit anhören.

Fast immer, wenn jemand von anderen als »anstrengend« bezeichnet wird, handelt es sich um einen Menschen, der nach Einschätzung seiner Umwelt ein wenig zu viel redet.

Diese Eigenschaft, mitunter auch scherzhaft Logorrhö genannt – also sozusagen verbaler Durchfall –, deutet auf mangelnde Entwicklung des oberen Schließmuskels hin. Wenn Sie nicht ganz sicher sind, ob Sie an Logorrhö leiden, nehmen Sie zum nächsten Treffen mit einer Freundin eine Schachuhr mit und stoppen heimlich, wie viel jeder von Ihnen redet. Wenn es ein starkes Ungleichgewicht zu Ihren Gunsten gibt, liegt die Diagnose nahe. Wenn Sie dann noch dazu neigen, zu übersehen, dass der andere schon länger nicht mehr gebannt an Ihren Lippen hängt, dass er nicht mehr antwortet, weil er entweder eingeschlafen oder gar verstorben ist, wird der Verdacht zur Gewissheit.

BEOBACHTEN Sie tatsächlich einmal, wie viel der Redezeit Sie im Zusammensein mit anderen für sich beanspruchen. Plaudern Sie gern, aber langweilt es Sie, anderen zuzuhören, ist etwas schräg. Umgekehrt aber genauso. Wenn Sie immer nur auf der Zuhörerseite sind, besteht die Gefahr, dass Sie Ihre eigenen Bedürfnisse unter den Teppich kehren.

Ein Bereich des Sorgens für sich selbst, mit dem sehr viele unserer Patienten Probleme haben, ist das Erkennen und Verteidigen ihrer Grenzen.

Dazu gehört, Nein sagen zu lernen und seine Grenzen zu schützen. Selbst wenn wir in einer idealen Welt mit lauter netten Menschen leben würden, käme es mitunter zu Interessenskonflikten. Denn auch dann müsste man sich darüber einigen, wann und was gegessen und ob bei offenem oder geschlossenem Fenster geschlafen wird. Wenn jemand das nicht kann: Auch dafür gibt es Gründe. Wer früh gelernt hat, dass die Eltern es nicht schätzen oder sogar mit Bestrafung reagieren, wenn man Nein sagt, wird vielleicht ein Leben lang Probleme damit haben. Auch in einer Psychotherapie wird es je nach der Schwere dessen, was der Betreffende erlebt hat, lange dauern, bis er auch nur erkennen kann, wo die Stellen sind, wo er hätte anders entscheiden können.

Auch wenn man darüber diskutieren kann, ob es wirklich dem Kindeswohl zuträglich ist, wenn schon mit den Kleinsten *alles* durchdiskutiert wird – früher wurde mit Kindern in der Regel gar nichts diskutiert. Auch heute noch gibt es Familien, in denen die Interessen des Kindes nichts gelten. Das heißt, es gab schon immer Menschen und es wird sie auch weiterhin geben, die nie gelernt haben, dass man auch Nein sagen darf. Wer Angst hat, als egoistisch zu gelten, und sich nie traut, etwas zu verweigern, ist depressionsgefährdet.

Man könnte annehmen, dass das ein Problem ist, unter dem ausschließlich die Betroffenen selbst leiden. Das ist jedoch nicht der Fall.

Jeder von uns kennt jemanden, der, egal worum man ihn bittet, auf der Stelle und ohne auch nur eine Sekunde zu zögern bereit ist, jeden Gefallen zu tun. Das kann Mithilfe bei einem Umzug sein oder aber längeres Arbeiten in der Firma, obwohl er abends etwas Schönes vorhatte. Schon kurz darauf beginnt dieser Jemand allerdings, sich schrecklich darüber zu ärgern, dass er zugesagt hat.

Wenn Sie das von sich auch kennen: Es hat keinen Sinn, sich vorzunehmen, beim nächsten Mal gleich Nein zu sagen, wie es meistens auch keinen Sinn hat, dem Vorschlag des x-ten Ratgebers zu folgen, sich doch endlich zu wehren. Fangen Sie da bei sich an, wo eine gute Therapie anfängt.

BESCHIMPFEN Sie sich nicht dafür, dass Sie etwas nicht können, was Ihnen bei anderen imponiert, sondern überlegen Sie, was Sie daran hindert, ebenso zu handeln.

Finden Sie heraus, wo und wie Sie diese Verhaltensweisen gelernt haben.

Je weiter Sie zurückgehen, desto fruchtbarer. Das Problem ist, wie bereits erwähnt, dass die wichtige erste Zeit Ihrem Gedächtnis ewig verschlossen bleiben wird. Aber da Ihre Eltern in der Regel dieselben bleiben und sich wohl auch in ihrem Verhalten nicht gravierend verändern, kann man hilfreiche Rückschlüsse ziehen. Vielleicht haben Sie Ihre Eltern im Umgang mit den jüngeren Geschwistern beobachten können, oder sie haben selbst darüber gesprochen, was sie in der Kindererziehung für wichtig hielten. Manchmal können auch erzählte Episoden aus Ihrer Kindheit aufschlussreich sein, oder Sie befragen Ihre Eltern, andere Verwandte oder Augenzeugen von damals direkt.

Ich erwähnte bereits, dass die Unfähigkeit, Nein zu sagen oder die eigenen Grenzen zu schützen, nicht nur den Betroffenen selbst beeinträchtigt, sondern auch seine Mitmenschen. Jeder von uns wünscht sich von seinem Gegenüber Ehrlichkeit und Zuverlässigkeit. Wir wollen nicht, dass jemand uns etwas zusagt, das er später wieder zurücknimmt. Selbst wenn wir es nie erfahren würden, wäre uns – zumindest, wenn wir zu den netteren Menschen gehören – der Gedanke unangenehm, jemand erweise uns einen Gefallen, verfluche uns aber innerlich dafür.

Nicht der Bittende ist dann der Schuldige – es sei denn, es handelt sich um einen Chef, der bösartig oder selbst Workaholic ist –, sondern der, der vorschnell zusagt, ohne sich Gedanken darüber gemacht zu haben, ob er wirklich bereit ist, den Gefallen zu tun.

Wenn Sie lernen zu unterscheiden, ob Sie etwas tun möchten oder ob Ihnen etwas gefällt, was der andere tut, und wenn Sie daraus Ihre Konsequenzen ziehen und entsprechend handeln, schützen Sie damit auf lange Sicht betrachtet auch Ihre Beziehungen. Sie übernehmen selbst Verantwortung, statt den anderen zum Bösen zu machen, der Sie zwingt, Dinge zu tun, die Sie nicht tun wollen.

GEWÖHNEN Sie sich an, grundsätzlich um Bedenkzeit zu bitten, wenn jemand Sie um einen Gefallen ersucht.

Spontan ist nämlich nur der alte Reflex da: Ich darf nicht Nein sagen, sonst werde ich nicht gemocht.

Geben Sie stattdessen Ihrem Unbewussten Zeit, in den inneren Archiven nachzuschauen, welche Erfahrungen Sie in der Vergangenheit mit ähnlichen Situationen gemacht haben.

Findet Ihr Unbewusstes in den Archiven nur positive Erfahrungen, wie zum Beispiel, dass es Ihnen nichts ausmacht, viele Treppen zu steigen, sondern dass Sie das für eine eher angenehme Art der körperlichen Ertüchtigung halten, dann helfen Sie vielleicht tatsächlich gern bei einem Umzug mit.

Ich habe mir das Erbitten von Bedenkzeit mittlerweile routinemäßig angewöhnt und finde es sehr angenehm, nicht auf spontan getroffene Entscheidungen festgenagelt zu sein oder die Mitmenschen damit zu brüskieren, dass ich ein gegebenes Versprechen wieder zurücknehme. Manchmal dauert es nicht lange, bis ich deutlich spüre, was ich möchte, manchmal muss ich aber auch erst ein paar Tage nachdenken und mit meinem Mann oder einer Freundin darüber sprechen, um klar zu wissen, was ich will. Aber es verschafft auf alle Fälle mehr Luft.

PATIENTEN, die große Probleme haben, diesen Tipp umzusetzen, lasse ich mitunter überlegen, ob es in ihrem (aktuellen oder früheren) Umfeld eine Person gibt, die sie mögen und die sich gut durchsetzen kann. Und ich ermutige sie dazu, in entsprechenden Situationen zu überlegen, wie diese Person sich wohl verhalten würde.

Was die Sache mit dem Abgrenzen allerdings zusätzlich erschwert, ist die Tatsache, dass es, grob unterteilt, zwei Kategorien von Menschen gibt: Grenzwächter und Nach-Gehör-Einparker.

Im Straßenverkehr steht das *nach Gehör einparken* für Menschen, die sich beim Einparken nicht bemühen, die Stoßstange von Vorder- und Hintermann nicht zu berühren, sondern die sie vielmehr als akustischen Hinweisgeber benutzen. Es knirscht, schabt und scheppert, und man weiß: Aha, da fängt also das andere Auto an.

Im übertragenen Sinne bezeichne ich damit die Art, wie Menschen mit den Grenzen anderer umgehen. Überlegen Sie, wo die Grenzen Ihrer Mitmenschen verlaufen, und sind Sie peinlichst bemüht, sie unter keinen Umständen auch nur zu berühren? Oder halten Sie fröhlich drauf zu nach dem Motto: *Wenn da was ist, werde ich es schon am Scheppern merken.*

Mit anderen Worten: *Wenn dem Anderen was nicht passt, kann er es ja sagen.*

Der Grenzwächter hingegen möchte, dass Grenzen respektiert werden. Nicht nur seine eigenen, sondern auch die der anderen. Schwierig wird es immer dann, wenn Nach-Gehör-Einparker und Grenzwächter aufeinandertreffen – in der Regel für Letztere, die auch erheblich häufiger in unseren Praxen auftauchen als die anderen.

Der Nach-Gehör-Einparker will keinen Platz verschenken. Regeln akzeptiert er nur schwer, er tut in jeder Situation erst einmal das, was er für richtig hält, und ist der Meinung, wenn es jemanden störe, könne der sich ja wehren. Was ein Trugschluss ist, denn das kann oder will eben nicht jeder. Eltern haben oft jahrelang daran gearbeitet, ihren Kindern abzugewöhnen, dass sie sagen, was sie stört. So jemand wird das als Erwachsener nicht ohne viel Üben plötzlich beherrschen. Wieder andere wollen gar nicht sagen müssen, wenn sie etwas stört, denn sie möchten in einer Welt leben, in der man so rücksichtsvoll miteinander umgeht, dass es gar nicht nötig wird, sich abgrenzen zu müssen.

Grenzwächter überlegen, wo die Grenzen des anderen verlaufen könnten, und bemühen sich, niemals auch nur in die Nähe dieser Grenzen zu kommen. Für sie wäre es das Schlimmste, wenn man sie darauf hinweisen würde, dass sie Grenzen verletzt haben. Sie fürchten also genau das am meisten, wovon die andere Sorte meint, dass doch gefälligst jeder es tun sollte.

Nach-Gehör-Einparker gehen das Risiko ein, dass andere sie meiden.

Grenzwächter hingegen gehen das Risiko ein, dass sie viel Platz verschenken. Vor lauter Angst, man könne sie auch nur einmal kritisieren, probieren sie in vorauseilendem Gehorsam – oder aus Höflichkeit und Rücksichtnahme – vieles nicht aus, was möglich wäre.

Beiden ist gemeinsam, dass sie sich nicht im Mindesten vorstellen können, wie die andere Sorte tickt, sondern ganz selbstverständlich davon ausgehen, jeder müsse (oder im Falle der Grenzwächter: jeder solle) so funktionieren wie sie selbst.

Richtig schwierig wird das natürlich dann, wenn Grenzwächter und Nach-Gehör-Einparker miteinander befreundet sind.

Nach-Gehör-Einparker haben im Restaurant fast immer Extrawünsche. Da kann die Speisekarte noch so umfangreich sein, sie wollen, dass das, was sie gewohnt sind, speziell für sie angefertigt wird, und ich rede dabei nicht von Menschen mit gesundheitlich bedingten Unverträglichkeiten.

Grenzwächtern ist so etwas eher peinlich. Man könnte damit ja die Grenzen des anderen verletzen, weil die Küchencrew dann Extraarbeit hat.

Nach-Gehör-Einparker sehen Regeln eher … elastisch. Mitfahrenden Grenzwächtern ist es hochgradig unangenehm, wenn der Nach-Gehör-Einparker das Auto im absoluten Halteverbot abstellt und sagt: »Ich spring mal eben raus und hol was, geht ganz schnell.«

Grenzwächter lieben Regeln, weil sie vor unangenehmen Situationen schützen, wie zum Beispiel von einer Politesse angeblafft werden. Mitzuerleben, wie jemand Regeln übertritt, löst bei ihnen ein Gefühl aus, das sich anfühlt wie ein schlimmer Anfall von Fremdschämen.

Grenzwächter hassen es, jemanden auf einen Fehler hinweisen müssen. Vielleicht ist es ihnen deshalb so unangenehm, weil sie wissen, dass die meisten Menschen Kritik gegenüber nicht gerade aufgeschlossen sind. Sie befürchten, dass der Selbstverteidigungsmechanismus, der sich daraufhin automatisch beim anderen in Gang setzt, zur Angriffswaffe wird. (Ausnahmen sind hier die *Altklugen*, aber zu denen kommen wir später noch.)

Grenzwächter mögen auch nicht um etwas gebeten werden, bei dem sie Nein sagen müssen.

Manchmal geht das eben nicht anders. Auch Menschen, deren Bekanntenkreis sich nicht ausschließlich aus Kleinkriminellen zusammensetzt, kommen mitunter in die Situation, in der man sie um einen Gefallen bittet, der die Grenzen der Legalität deutlich überschreitet.

Kannst du nicht sagen, du hättest am Steuer gesessen? Können wir der Versicherung nicht sagen, du hättest das kaputt gemacht? Können wir das nicht einmal im Monat als Geschäftsessen angeben?

Für Grenzwächter ist jedes dieser Ansinnen natürlich ein absolutes Unding, und der Fragesteller darf sich nicht wundern, wenn er in Zukunft gemieden wird.

ÜBERLEGEN Sie einmal, ob Sie eher ein Grenzwächter oder ein Nach-Gehör-Einparker sind. Betrachten Sie auch die Menschen in Ihrer Umgebung einmal unter diesem Aspekt.

Während die, die nach Gehör einparken, mitunter wegen ihrer vermeintlichen Coolness von denen beneidet werden, die anders gestrickt sind, geraten die Grenzwächter oft in die Verteidigungsposition. Sie gelten häufig als die Braven, also eher Uncoolen. Was die Grenzwächter ziemlich ungerecht finden.

Mein abschließendes Beispiel klingt harmlos, aber ich habe durchaus schon erlebt, dass dieses Thema Beziehungen erheblich belastet hat. Es geht um die schlichte Frage, ob man bei Freunden einfach so hereinschneien darf oder ob man sich vorher anmelden muss.

Für die Nach-Gehör-Einparker ist die Sache glasklar. Natürlich kann man einfach vorbeischauen, schließlich ist die beste Freundin ja nicht die Königin von England, bei der ein ausgefeiltes Protokoll zu beachten ist. Wenn es ihr nicht passt, soll sie es sagen, kein Thema.

Für die Grenzwächter ist die Sache ebenfalls klar. Das tut man nicht, weil man den anderen nicht in die Verlegenheit bringen will, Nein sagen zu müssen, falls es ihm nicht passt. Man möchte ihn nicht einmal der Situation aussetzen, sich entscheiden zu müssen, ob es ihm wichtiger ist, endlich die Steuererklärung fertigzukriegen oder mit der Freundin einen Tee zu trinken.

Auch hier sind es eher die Letzteren, die sich dafür rechtfertigen müssen, dass sie eine scheinbar einfache Sache so kompliziert machen und nicht mal ein bisschen locker sein können. Schon fühlen sie sich wieder mal, als seien sie irgendwie daneben.

Kennen Sie dieses Gefühl? Hat man Ihnen schon als Kind ständig erzählt, sie sollten doch »nicht so empfindlich« sein? Haben Sie sich da schon irgendwie verkehrt gefühlt?

Zum Glück haben Psychologen auch für diese Menschen mittlerweile eine beruhigende Erklärung.

Vielleicht sind Sie einfach *hochsensibel.*

So bezeichnet man Menschen, die Reize anders verarbeiten als andere. Ungefähr jeder fünfte tickt nach Meinung der Experten so. Oft sind sie schon als Säuglinge reizempfindlicher und brauchen mehr Auszeiten zur Reizverarbeitung, und als Erwachsene reagieren sie unter Umständen empfindlicher auf Schlafmangel und Koffein.

Während am einen Ende der Skala die liegen, die ständig neue Kicks brauchen, sind die Hochsensiblen die, die zu viele unterschiedliche Termine an einem Tag nicht gut haben können und die es eben auch nicht schätzen, wenn jemand überraschend vor der Tür steht. Für sie ist es wichtig, dass das respektiert und dass ihnen die Zeit gegeben wird, die sie brauchen, damit ihr Gehirn regelmäßig in Standardeinstellung gehen kann. Sie verstehen nicht, dass andere die Motten kriegen, wenn sie Zeit alleine totschlagen müssen. Sie hingegen haben eine Fülle von Tätigkeiten zur Auswahl, die sie in den für sie so wichtigen leicht meditativen Zustand bringen. Ich gehe mal davon aus, dass der Verkaufserfolg der Malbücher für Erwachsene zumindest zum Teil auf hochsensible Käufer zurückzuführen ist.

Auch bei hochsensiblen Kindern kommt es darauf an, was in ihren ersten Lebensjahren geschieht. Wird ihr besonderes Wesen nicht respektiert, können sie später vermehrt mit Ängsten und Depressionen reagieren; werden sie hingegen in einer liebevollen und unterstützenden Umgebung groß, können sie als Erwachsene kreativer sein als andere und besser imstande, fundierte Entscheidungen zu treffen.

Aufgrund ihrer Besonderheiten neigen Hochsensible dazu, sich im Vergleich mit anderen für weniger belastbar und damit minderwertig zu halten.

Die Fachleute haben dafür einen ganz einfachen Rat: *Meiden Sie den Kontakt mit denen, die dieses Gefühl in Ihnen erzeugen, und suchen Sie den Kontakt zu denen, die Sie respektieren, wie Sie sind, oder zu denen, die ebenfalls hochsensibel sind.*

Das sind schließlich gar nicht mal so wenige.

Jetzt aber wieder zurück zu der anderen Sorte.

Ich bin doch einfach nur ehrlich. Das sagen die, die vielleicht kein Problem mit der Menge ihres verbalen Outputs haben, dafür aber mit der Qualität.

Kinder sind – je kleiner, umso ausgeprägter – Nach-Gehör-Einparker. Klar, sie müssen ja auch erst Grenzen gesetzt bekommen. Woher sollen sie denn wissen, wo die Grenzlinie verläuft? Sie haben die Erfahrung ja noch nicht. Sie krähen fröhlich durch den ganzen Bus: »Die Frau hat aber einen dicken Bauch!« Sollte die entsprechende Dame schwanger sein, haben die Eltern noch mal Glück gehabt, und alles lacht. Sollte sie hingegen nicht schwanger sein, wird die Sache schon peinlicher.

Wer von sich behauptet: »Ich bin doch einfach nur ehrlich«, leidet eigentlich immer unter einem Mangel an Impulskontrolle. Dinge, die ihm durch den Kopf gehen, schießen ungebremst durch den geöffneten Mund. Mit Ehrlichkeit hat das nichts zu tun, lediglich mit der Unfähigkeit zu begreifen, wie andere Menschen ticken. Was die Empathiefähigkeit betrifft, ist dieser Satz eine Bankrotterklärung.

Nicht alle Nach-Gehör-Einparker stoppen, wenn ihnen Grenzen gesetzt werden. Deshalb kriegen die auch ihre eigene Bezeichnung. Ich nenne sie die *Draufhalter*.

Zunächst ein Beispiel für eine vergleichsweise harmlose Variante.

Ort des Geschehens war das Wartehäuschen einer Straßenbahnhaltestelle, die Akteurinnen zwei ältere Frauen. Die eine saß auf der Bank, die andere lief Zigaretten rauchend auf und ab. Dazu ist noch wichtig zu wissen, dass es im hiesigen

Stadtparlament einen Antrag gegeben hatte, innerhalb des Wartehäuschenbereichs das Rauchen zu untersagen. Der konnte sich zwar nicht durchsetzen, allerdings kam es zumindest zur Anbringung von kleinen Plakaten in diesen Bereichen, auf denen ein Kind sagt: »Danke, dass du hier nicht rauchst.« Sie sind recht dezent und können deshalb leicht übersehen werden. Ich habe immer wieder erlebt, dass Raucher erst darauf aufmerksam gemacht werden mussten.

In diesem Fall kam die Bahn; die Wege der Frau, die auf der Bank gesessen hatte, und die der Raucherin kreuzten sich beim Einsteigen erstmals. Die Nichtraucherin deutete auf das Plakat und fragte die andere: »Haben Sie das gesehen?«

Hätte die andere geantwortet: »Nein, habe ich nicht«, sich vielleicht sogar entschuldigt, wäre sie locker als Nach-Gehör-Einparkerin durchgegangen.

Aber sie entpuppte sich als Draufhalterin. Sie zog die Augenbrauen hoch, sagte: »Na und?«, und drehte sich um.

Übleren Varianten dieser Spezies begegnen wir später noch.

Ebenso wie die Steigerung des Nach-Gehör-Einparkers gibt es auch die Steigerung des Grenzwächters. Den *Altklugen*.

In der Regel ist das zumindest nichts, wodurch andere zu Schaden kommen. Aber natürlich gibt es auch die sogenannten Hilfssheriffs, die jeden Regelverstoß kommentieren müssen und mit Block und Bleistift herumlaufen, um hobbymäßig Parksünder aufzuschreiben. Natürlich sind auch das keine wirklich erwachsenen Menschen, sondern solche, die irgendwie im Reifegrad der Altklugheit hängen geblieben sind. Das ist die nervige Phase, in der Kinder pausenlos

Erwachsene korrigieren und sie belehren, wie etwas richtig heißt oder was man nicht sagen oder tun darf.

Das Draufhalten und Nach-Gehör-Einparken zeigt sich nicht nur im Umgang mit anderen Menschen, sondern häufig auch im Umgang mit Vorschriften oder Verboten.

Auch ich habe mit Anfang zwanzig Dinge getan, an die ich mich, aus Sicherheitsaspekten betrachtet, heute nur noch mit Schaudern erinnere. Trotzdem kann man davon ausgehen, dass die Menschen, auf die in Kindertagen angemessen aufgepasst wurde, früher als andere lernen, auf sich selbst aufzupassen. Wer schon früh kapiert hat, dass die elterlichen Verbote durchaus sinnvoll sind (auch wenn sie nerven), kann auch Verbote in der Welt draußen eher für sinnvoll halten und muss nicht alles ausprobieren, nur weil es verboten ist.

Zum Beispiel gerade an der Stelle kopfüber ins Wasser springen, wo die großen Warnschilder stehen.

Wann immer Geschwindigkeitskontrollen angekündigt werden oder auch nur die Rede darauf kommt, findet man Menschen, die bereitwillig ihren Kopf in die Kamera halten, um einmal das Wort »Abzocke!« loswerden zu dürfen.

Wir haben eine Straßenverkehrsordnung, und das ist auch gut so. Es sei denn, man hält *Mad Max* für die Vision einer idealen Welt, in der man straflos mit irgendwelchen hochgemotzten Karren durch die Gegend brettern darf. Wir haben einen Bußgeldkatalog. Und ja, wir haben auch Geschwindigkeitsbegrenzungen, die dafür sorgen, dass weniger Familien jemanden beklagen müssen, der im Straßenverkehr ums Leben kam. Wäre das jedem klar, gäbe es keine Geschwindigkeitsübertretungen, und es bräuchte folglich auch keine Kontrollen zu geben. Wer beim Fahren Verantwortung für sich und andere übernimmt, braucht keine Geschwindigkeitskontrollen. Er geht davon aus, dass die zulässigen Geschwindigkeiten auf der Basis von Statistiken existieren, die Menschenleben schützen wollen.

Wer hingegen in der gefühlten Realität lebt, hat schon in der Wiege gelernt, dass man sich auf das, was die »da oben« erzählen, nicht verlassen kann und dass es besser ist, ihnen grundsätzlich zu misstrauen. In seiner Realität kauft man sich dann besser auch ein Auto, das dem gefühlten Wunsch nach Schutz entspricht, auch wenn das bedeutet, dass bei einem Zusammenstoß mit einem Fahrzeug, das wie ein Panzer daherkommt, die Gefahr für die Insassen des anderen Fahrzeugs sechsmal so hoch ist, ums Leben zu kommen. Sie werden sich für eine PS-Zahl entscheiden, die ihren Wunsch befriedigt, auch mal mächtig zu sein, und werden frustriert sein, wenn man ihnen nicht erlaubt, ihre übermotorisierten Schleudern so richtig auszufahren. Wie ein Kind, dem man seinen Willen nicht lässt, werden sie von Abzocke sprechen.

Dass es darum gehen könnte, dass Menschen friedlich und verletzungsfrei miteinander umgehen, kommt ihnen nicht in den Sinn, denn in ihrem inneren Archiv ist diese Abteilung nur sehr schwach bestückt. Zur Not treffen sie sich dann mit Gleichgesinnten zu illegalen Autorennen. Sollte dabei tatsächlich – wie es ja immer wieder geschieht – ein vollkommen unbeteiligter Verkehrsteilnehmer durch ihre Schuld getötet werden, werden sie sich vor allem um die Delle an ihrem Fahrzeug Sorgen machen.

Haben Sie Ihre Impulse im Griff?

Selbst unter den Menschen, die nicht nur volljährig sind, sondern bereits die magische Mittzwanzigergrenze überschritten haben, findet man viele, die nach der Devise leben: *Erwachsensein ist langweilig. Ist mir vollkommen egal, was die Fachleute sagen, ich mache, was ich will.*

Das bringt uns noch mal zum Thema Handy zurück, genauer: zum Smartphone. Kürzlich gab es hierzu eine Diskussionsrunde im Fernsehen. Die Hauptvertreter der beiden Richtungen waren zum einen eine junge Frau, die das Leben im Internet zu ihrem Beruf gemacht hatte, die auch auf einer einsamen Insel das Smartphone einem Menschen vorziehen würde und der es nicht gelang, die Sendung durchzustehen, ohne zwischendurch auf ihr Handy zu schauen. Zum anderen ein renommierter Hirnforscher, der wieder und wieder versuchte, die überwältigende Fülle der Untersuchungen anzuführen, die belegen, dass Handys eigentlich gar nicht in Kinderhände gehören und dass auch alle Versuche, die Arbeit mit Tablets und Computern in Schulen einzuführen, nicht zu einer Leistungssteigerung, sondern im Gegenteil zu einer Leistungsverminderung führten. Zudem konnte er nachweisen, dass nie Ergebnisse wissenschaftlicher Forschung über das Lernen oder die Funktion kindlicher und jugendlicher Hirne der Ausgangspunkt für die Anschaffung der Geräte war, sondern dass es sich nahezu ausschließlich um das Ergebnis von Schenkungen oder aggressiven Werbekampagnen der einschlägigen Computerfirmen handelte.

Wie bei solchen Sendungen üblich, gelang es keiner der beiden Seiten, die andere zu überzeugen. Dabei konnten die Verteidiger des Always-on keine wissenschaftlichen Erkenntnisse ins Feld führen, die für eine so intensive Nutzung gesprochen hätten. Aber darum ging es auch nicht, wie sich herausstellte. Noch so viele Fakten konnten nicht überzeugen. Der Hirnforscher blieb einfach der böse Onkel, der etwas verbieten wollte, was Spaß macht.

Könnte es vielleicht sein, dass die Impulskontrolle in unserer Gesellschaft allgemein abnimmt, oder kommt uns das nur so vor?

Zumindest bestreitet niemand, dass das Internet etwas verändert hat an der Art, wie wir miteinander umgehen.

Nehmen wir als Beispiel, dass jemand etwas liest, das ihm nicht gefällt.

Der Ausgangspunkt war früher ähnlich. Der Leser beschloss spontan, sein Missfallen in einem Leserbrief kundzutun. In den meisten Fällen war der Ärger schon wenige Minuten später auf ein Maß gesunken, das den Betreffenden die Sache wieder vergessen ließ. War das nicht der Fall, setzte er sich irgendwann hin, schrieb seinen Brief und korrigierte ihn mehrfach. Vielleicht schlief er noch eine Nacht darüber, denn es eilte ja nicht. Schließlich galt es lediglich, den Redaktionsschluss der Zeitung einzuhalten. Am nächsten Morgen zerknüllte er seinen Brief, oder er korrigierte ihn noch einmal und brachte ihn zum Briefkasten.

Mit anderen Worten: Die Impulskontrolle konnte sich ewig Zeit lassen, den spontanen Ärger auf ein sozialverträgliches Maß herunterzustutzen. Vor allem hatte das Unbewusste genug Zeit, in seinen Archiven zu kramen und Daten zu liefern, die besagten, dass spontane Ärgerreaktionen im bisherigen Leben eher zu nichts Gutem geführt hatten. Außerdem galt es, die möglichen Folgen zu bedenken, schließlich würde jeder wissen, wer den Leserbrief verfasst hatte, und Menschen, die einem bisher noch wohlgesinnt waren, konnten einen nun plötzlich für einen ausgemachten Idioten halten.

In Zeiten der Internet- und Diskussionsforen von Onlinezeitschriften geht alles so schnell, dass oft in der ersten Emotion ein Posting in die Welt gerotzt wird, bevor das Über-Ich auch nur einmal blinzeln kann. Eine Diskussion kann ungeheuer schnell hochkochen, zumal man sie mit Menschen führt, die – im Gegensatz zu einem Journalisten, der meist über etwas mehr Hintergrundwissen und Zeit verfügt, wenn er seinen Artikel verfasst – ebenfalls aus dem allerersten Impuls heraus reagieren.

Das bedeutet also: Mit seiner Ping-Pong- statt Postkutschengeschwindigkeit fördert das Netz die Meinungsäußerung von Menschen mit mangelnder Impulskontrolle.

Das wiederum macht uns alle etwas unglücklicher und ängstlicher, weil wir das Gefühl bekommen, es seien nur noch Deppen unterwegs und der durchschnittliche Intelligenzquotient der Weltbevölkerung sinke mit jedem Tag ein bisschen weiter Richtung null.

Es gibt eben nicht nur die Grenzwächter, deren moralischer Kompass so fest arretiert ist, dass sie sogar auf einer einsamen

Insel die Dinge nicht täten, die man in Gebieten mit dichter Bebauung nicht tut. Sondern auch diejenigen, die regelmäßig daran erinnert werden müssen, dass es Grenzen gibt.

Sagt nie jemand ein Wort, wenn ein Angestellter regelmäßig zu spät zur Arbeit kommt, dafür aber schon früher geht, verfallen die Sitten, und irgendwann beschließen selbst die eingefleischtesten Regel-Junkies, dass man ja bekloppt wäre, wenn man unter diesen Umständen pünktlich kommt und geht.

Wenn etwas nie sanktioniert wird, wird sich auch nichts ändern. Hasstiraden, Shitstorm und Trollerei im Internet funktionieren auch nur auf dem Hintergrund, dass man nicht erwischt werden kann, weil man schließlich anonym unterwegs ist.

Sie sind nichts Neues, fanden früher in Form des Mobbings aber hauptsächlich zwischen der 6. und der 8. Klasse statt. Also mitten in der Pubertät.

Natürlich gibt es das auch bei Erwachsenen. Allerdings ist nicht alles Mobbing, was sich so nennt.

Ich habe öfter erlebt, dass jemand als Mobbingopfer zu mir geschickt wurde, bei dem sich schon nach kurzer Zeit herausstellte, dass er gleich mehrere Kollegen gegen sich aufgebracht hatte, ohne zu begreifen, dass nicht die anderen gemein waren, sondern er sich selbst systematisch ausgeschlossen hatte. Auch das ist ein Problem, auch das kann Gegenstand einer psychotherapeutischen Behandlung sein, nur geht es dann um ein ganz anderes Thema.

Viele Menschen bezeichnen es bereits als Mobbing, wenn sie mit einem einzigen Kollegen Probleme haben. Dabei steht der Begriff *Mob* im ursprünglichen Sinn für eine aufgewiegelte Volksmenge, die üblicherweise Menschen von geringer Bildung umfasst. Von *Mobbing* kann folglich nur gesprochen werden, wenn eine Gruppe von Menschen systematisch einen Einzelnen schikaniert.

In diesem Sinne ist Mobbing unter Erwachsenen selten, unter Kindern und Jugendlichen leider nicht. Fast jeder kann sich daran erinnern, dass es bereits in seiner Schulzeit eine Rolle spielte, und dass es Zeiten gab, in denen man ausgegrenzt wurde oder sich daran beteiligte, andere auszugrenzen.

ERKUNDIGEN Sie sich in der Schule Ihres Kindes, was dort für ein gutes soziales Miteinander und gegen Mobbing getan wird. Es gibt viele, teilweise verblüffend einfache Programme, die das Selbstwertgefühl der Kinder steigern und die gegenseitige Hilfsbereitschaft fördern können.

Ganz abgesehen davon ist das die bestmögliche Prävention gegen Amokläufen an Schulen.

In der bereits erwähnten Studie über die Handynutzung von Kindern und Jugendlichen gaben zehn Prozent aller Jugendlichen an, in sozialen Medien bereits einmal gemobbt worden zu sein, ebenso viele gaben auch zu, in dieser Weise bereits einmal andere gemobbt zu haben, und räumten ein, dass sie im Internet einen raueren Umgangston pflegten, als sie das in der realen Welt täten.

Aber auch Erwachsene wissen, wie schnell man im Internet Opfer von Häme werden kann.

In den meisten Foren, wenn sie nicht gerade sorgsam moderiert werden, ist das inzwischen gang und gäbe. Ich hatte mir heute Morgen vorgenommen, ein Beispiel nicht sorgsam auszuwählen – das wäre kein Beweis dafür, wie weitverbreitet es ist –, sondern das erste zu nehmen, das mir begegnet.

Unser Durchlauferhitzer im Bad sah sich heute Morgen plötzlich außerstande, warmes Wasser zu produzieren, und ich suchte im Internet nach einer möglichen Erklärung dafür. Unter anderem landete ich im Forum einer Jura-Seite.

Dort hatte jemand erklärt, heute sei Sonntag, seine kleine Tochter bade dann immer, aber es komme kein warmes Wasser. Ob er die Hausverwaltung rufen könne oder bis Montag warten solle? Ob das wohl unter Kleinreparatur fallen werde und er folglich selbst den Klempner rufen könne?

Nichts, womit Menschen sich nicht herumschlagen könnten.

Folgende Reaktionen kamen:

– *Deine Tochter badet nur sonntags? So ein Ferkel!* ☺

– *Man kann es doch auch mal wie die Oma früher machen und auf dem Herd einen Topf Wasser erhitzen.*

– *Heute sind die Leute doch zu doof zum Kochen, das reicht nicht mal für einen Topf Wasser.*

– *Man kann das Wasser ja auch in der Mikrowelle heiß machen.*

– *Man braucht ja eine größere Menge. Also kippt man die Mikrowelle am besten nach hinten und befüllt sie mit Wasser.* ☺

Merken Sie was? Keine der Reaktionen hatte auch nur im Entferntesten mit der Fragestellung zu tun oder gar damit, dass es sich um ein Forum handelte, in dem es um juristische Fragen geht. Es sind Bemerkungen, die einem vielleicht durch den Kopf schießen oder die man seinem Partner gegenüber äußert – aber die nichts in der Welt draußen zu suchen haben. Es sei denn, die Impulse gehen einem durch, weil man nicht daran gedacht hat, sie anzuleinen.

Da können die Leute noch so oft Dieter Nuhr zitieren, demzufolge man, wenn man von einer Sache nichts verstehe, einfach mal die Fresse halten solle. Die Entwicklung geht leider deutlich in die andere Richtung.

Das Internet ist ein Segen, keine Frage. Aber dass jeder dort alles, was ihm spontan zu irgendeinem Thema in den Sinn kommt, gleich der Öffentlichkeit mitteilen kann, ist eine Katastrophe.

Auch wenn es noch so verführerisch ist zu denken, dass jede Ihrer Lebensäußerungen für die ganze Welt interessant ist: Wahrscheinlich sind Sie kein Superpromi, der allein für das Posten seines angeschlagenen Frühstückseis Tausende von Likes bekommt.

NEHMEN Sie sich zumindest ab und zu mal die Zeit zu überlegen, ob das, was Sie gerade posten wollen, wirklich im Entferntesten etwas mit dem Thema zu tun hat oder vielleicht gar verletzend ist.

Überhaupt sollte man sich vielleicht öfter der *drei Siebe des Sokrates* erinnern. Dem Philosophen wird die Mahnung zugeschrieben, drei hintereinandergeschaltete Filter zu nutzen, bevor man den Mund aufmacht:

Ist es wahr?

Ist es gut (im Sinne von wohlwollend)?

Ist es notwendig?

Ganz so streng wollen wir nicht sein. Ein gelegentliches Ablästern im kleinen Kreis schafft sozialen Zusammenhalt und entlastet. Aber sobald etwas die eigenen vier Wände oder den Kneipentisch verlässt, sollte man lieber auf den ollen Sokrates hören.

Wenn Frauen Kinder bekommen, verändert sich häufig ihr Freundeskreis. Ihre noch kinderlosen Freundinnen ziehen sich oft zurück, wenn auch mit schlechtem Gewissen, weil sie die Erfahrung machen, dass es nicht mehr so einfach ist, ein Gespräch miteinander zu führen, wenn es ständig von einem Kind unterbrochen wird.

Von Kindern erwartet noch niemand, Dieter Nuhrs Mahnung verinnerlicht zu haben. Sie müssen noch nicht über die ausreichende Impulskontrolle verfügen. Was nicht nur ich beängstigend finde, ist jedoch die Wahrnehmung, dass immer mehr Menschen sich verhalten wie kleine Kinder. Es ist mittlerweile schwer, in nicht streng moderierten Internetforen auch nur eine einzige Diskussion zu finden, die nicht binnen kürzester Zeit entgleist, weil sich dort Menschen austoben, die sich wie Kinder in das Gespräch von Erwachsenen drängen. Leider gleichen die Erwachsenen, die nicht über Impulskontrolle verfügen, nicht liebenswerten Kindern, sondern unerzogenen Monstern.

Das endet in der Regel in Frust und Chaos.

Nur sehr selten taucht im richtigen Leben eine Fee auf, die alles zum Guten wendet, wie im Fall des sogenannten *Dancing Man*.

Die Sache begann damit, dass auf einer Chat-Seite Fotos eines übergewichtigen Mannes auf einem Fest gepostet wurden. Der Kommentar des Posters lautet übersetzt etwa wie folgt: »Hab letzte Woche diesen Typen entdeckt, der versucht hat zu tanzen. Er hat damit aufgehört, als er mitgekriegt hat, wie wir über ihn gelacht haben.«

Einige überaus verletzende Kommentare anderer User folgten. Cassandra Fairbanks aus Los Angeles entdeckte die Fotos und die Kommentare und bat auf Twitter, ihr bei der Suche nach dem Mann zu helfen.

Sie erfuhr, dass er Sean hieß und aus London stammte. Cassandra startete einen Aufruf, speziell für ihn eine Tanzparty zu veranstalten. Auch Stars wie Pharrell Williams unterstützten die Aktion, und es gab Unmengen von Reaktionen wie »Niemand sollte sich je schämen müssen zu tanzen!«.

Jedenfalls kamen eine Menge Spenden zusammen, Sean feierte im angesagtesten Club von Los Angeles mit über tausend Frauen eine Riesenparty, bei dem der bekannte DJ Moby auflegte. Der Teil des gespendeten Geldes, den die Party nicht verschlungen hatte, ging an eine Organisation, die sich um Mobbing-Opfer kümmert.

Aggressionen einer Gruppe gegenüber einem Einzelnen finden nicht nur unter Jugendlichen statt, und sie gehen oft weit über das hinaus, was wir als Mobbing bezeichnen. Auch von Erwachsenen lesen und hören wir immer wieder, dass eine Gruppe einen Einzelnen beleidigt, körperlich attackiert oder sogar tötet.

Jeden Tag berichten die Nachrichten von schrecklichen Kriegsgräueln, davon, dass bewaffnete Gruppen Dörfer überfallen, Frauen vergewaltigen und selbst Kinder töten. Dabei geschieht das nicht nur in fernen Ländern oder Kulturen, deren Werte uns ganz und gar fremd sind. Es ist auch bei uns, in der Zeit des Nationalsozialismus geschehen, ebenso wurden Amerikaner in Vietnam wie auch im Irak zu Kriegsverbrechern.

Auch für diesen Bereich gibt es Psychologen, die sich mit der Frage befassen, welche Aspekte dazu beitragen, dass Menschen in einer Gruppe das verlieren, was wir gern Menschlichkeit nennen. Natürlich spielt immer auch die individuelle Lebensgeschichte eine Rolle, ob Empathiefähigkeit und Impulskontrolle so tief verwurzelt sind, dass sie jemandem auch dann nicht abhandenkommen, wenn er beispielsweise viel Alkohol getrunken hat. Aber die Psychologen sehen in den Situationen, in denen Gruppen von Menschen einen Einzelnen quälen, auch noch etwas anderes am Werk, etwas, das Teil von uns allen ist.

Ich hoffe, Sie finden es nicht allzu unangemessen, wenn ich in einem so schrecklichen Zusammenhang ein eher harmloses Beispiel bemühe. Ich möchte damit lediglich illustrieren, wie einer der Erklärungsansätze der Wissenschaftler aussieht, die sich mit dieser Frage beschäftigen.

Vor vielen Jahren lag ich einmal entspannt im warmen, sommerlichen Halbschatten auf dem Balkon. Neben mir lag mein Kater, ebenso friedlich und entspannt wie ich. Ich muss hinzufügen, dass der Kater nicht nur an diesem Tag so friedlich war, sondern dass ich zu den Katzenbesitzern gehöre, die nicht schon aufgrund ihrer zerkratzten Hände und Unterarme als solche zu identifizieren sind. Bis zu diesem

Moment hatte der Kater mich überhaupt noch nie gekratzt. Bis zu diesem Moment, wie gesagt.

Von einer Sekunde auf die andere wies ich an vier unterschiedlichen Körperstellen mehrere tiefe, blutende Kratzwunden auf. Was war geschehen?

Jeder Katzenbesitzer ahnt es sofort: Ein Insekt war vorbeigeflogen. Für einen Kater, der sonst nie auf die Idee gekommen wäre, mir Schaden zuzufügen, war ich mit einem Mal nichts anderes als ein Sprungbrett, das er benutzte, um eine Beute zu fangen.

Jagdlust.

Genau das ist die Erklärung von Forschern für manches, was Menschen Menschen antun.

Sie gehen davon aus, dass diese Täter in der Regel nicht psychisch krank sein müssen, sondern dass es zum Menschsein dazugehört, in Gewaltfantasien zu schwelgen. Wer hat nicht schon einmal davon geträumt, was man jemandem zufügen könnte, der uns persönlich geärgert hat oder von dem wir auch nur in den Nachrichten gehört haben? Die Forscher machen die Evolution dafür verantwortlich, die uns, damit wir einst überleben konnten, mit einem angeborenen Jagdinstinkt ausgestattet hat.

Den meisten gelingt es, diesen Instinkt auf relativ friedliche Weise auszuleben, zum Beispiel indem sie den Triumph auskosten, eine Internetauktion gewonnen zu haben. Wie schnell allerdings aus scheinbar friedlichen Mitbürgern reißende Hyänen werden können, kann jeder erahnen, der sich an die Zeit erinnert, als es noch regelmäßig den Sommer- und den Winterschlussverkauf gab. An dem Tag, an dem die Schlussverkäufe begannen, wurden im Fernsehen jedes Mal

Menschenmassen gezeigt, die sich vor den noch geschlossenen Kaufhaustüren versammelten und die dann hereinstürmten, um sich gegenseitig billige Handtücher aus den Händen zu reißen.

Wenn das nicht pure blutige Jagdlust ist, dann weiß ich nicht.

Zumal wir mittlerweile wissen, dass es Menschen gibt, die ihr Leben aufs Spiel setzen, um ein verdammtes Pokémon zur Strecke zu bringen.

Im folgenden Kapitel geht es um das Gegenteil der mangelnden Impulskontrolle, nämlich um die allgegenwärtige Aufforderung zur Selbstoptimierung.

Fitness – die neue Religion

Sind Sie eher skeptisch Ihren inneren Impulsen gegenüber und vertrauen deshalb Ihre Selbstfürsorge lieber Ihrem Fitnesstracker an?

Auch ich halte es für eine gute Sache, etwas für die körperliche Gesundheit zu tun, und frage meine Patienten zu Beginn der Behandlung, ob sie sich in irgendeiner Form sportlich betätigen. Beruhigt bin ich, wenn ich eine Antwort bekomme, die darauf schließen lässt, dass sie etwas für sich gefunden haben, das ihnen Spaß macht, dass sie es damit aber auch nicht übertreiben.

Allerdings gewinne ich mehr und mehr den Eindruck, dass Fitness mittlerweile zu einer Art Religion geworden ist. Mit allem, was dazugehört. Bis hin zu der Tatsache, dass man keine Beweise für die Existenz mancher Behauptungen braucht, sondern dass es sich um eine reine Glaubenssache handelt.

Obwohl der Spruch mittlerweile wohlbekannt ist, dass man nicht zwischen Weihnachten und Neujahr zunimmt, sondern zwischen Neujahr und Weihnachten, wird uns nach Festtagen immer wieder von allen Seiten klargemacht, dass wir gesündigt haben und jetzt büßen müssen.

Wir verlassen uns nicht mehr darauf, ob wir uns tagsüber ausreichend munter fühlen, sondern überlassen es einer App, uns zu sagen, ob wir gut oder nicht so gut geschlafen haben. Damit machen wir uns zu Kindern, denen die Eltern sagen müssen, wann es Zeit ist, ins Bett zu gehen. Wir verlassen uns nicht mehr darauf, dass unser Gehirn für uns sorgt, sondern glauben in etwas eingreifen zu müssen, was uns unbekannt ist. Ohne uns vorher ausreichend mit dem befasst zu haben, was die Wissenschaft überhaupt dazu zu sagen hat.

Auch manche Ärzte sind nicht unbedingt hilfreich, wenn es darum geht, uns etwas zu empfehlen, das sowohl gesund ist als auch den großen Vorteil hat, dass es tatsächlich funktioniert.

Es gibt vernünftige und wissenschaftlich fundierte Tipps dazu, wie wir unseren Körper fit halten können. Viele, die sich als wissenschaftlich gerieren, sind es in Wahrheit allerdings nicht. Wenn Ihr Hausarzt Ihnen lediglich rät, abzunehmen und/oder Sport zu treiben, würde ich Ihnen empfehlen, den Arzt zu wechseln. Denn das sind keine klugen ärztlichen Ratschläge, sondern Tipps, die unterhalb des Niveaus von Frauenzeitschriften liegen.

Diese radikale Meinung erstaunt Sie?

Überlegen Sie doch mal. Wie groß ist die Wahrscheinlichkeit, dass Sie auf einen diesbezüglichen Rat Ihres Arztes hin erstaunt Mund und Augen aufreißen und ausrufen: »Abnehmen? Sport? Warum hat mir das noch nie jemand gesagt? Mensch, das ist ja klasse, wenn das tatsächlich hilft! Ich bin Ihnen so dankbar!« Äußerst gering. Sehr viel größer ist die Wahrscheinlichkeit, dass Sie – wie viele meiner Patienten – das Sprechzimmer des Arztes frustriert verlassen und sich mieser fühlen als zuvor. Was zu einem Anstieg Ihres Cortisolspiegels führt, was zu einem erhöhten Glukosebedarf Ihres Gehirns führt, was dazu führt, dass Sie ein riesiges Bedürfnis nach Schokolade oder Currywurst mit

Pommes bekommen, dem Sie nicht widerstehen können, weil das Gehirn nun mal der Chef ist. Danach fühlen Sie sich noch mieser, und anstatt, was eigentlich logisch wäre, die Schuld dafür auf den inkompetenten Arzt zu schieben, nehmen Sie sie auf sich.

Erst in der letzten Woche hatte ich eine Patientin, die sich selbst als faul und undiszipliniert beschimpfte. Sie begründete das damit, dass es ihr einfach nicht gelänge, die Ermahnung ihres Arztes, regelmäßig laufen zu gehen, in die Tat umzusetzen. Offenbar war dem Arzt entfallen, dass die Frau in ihrem Beruf als Krankenschwester jeden Tag etwa zehn Kilometer zurücklegt. Und dass ihr Gehirn folglich alles Recht der Welt hatte, ihr abends vorzuschlagen, doch lieber die Füße hochzulegen.

Dem Patienten allgemein bekannte Plattheiten um die Ohren zu hauen, hilft ihm jedenfalls nicht weiter, im Gegenteil. Alle Kinder bewegen sich gern, und es gibt Untersuchungen, die belegen, dass sie, wenn sie die freie Wahl haben, sich nicht etwa ausschließlich von Fischstäbchen und Schokopudding ernähren, sondern sich einen durchaus gesunden und abwechslungsreichen Speiseplan zusammenstellen.

Hilfreich sind also nicht sogenannte Ratschläge, die in Wahrheit nur nutzlose Aufforderungen sind, die der Patient eh schon pausenlos selbst an sich richtet und an denen er verzweifelt, weil er immer wieder daran scheitert. Oder aus Sicht vieler Hirnforscher und Psychotherapeuten: an denen er scheitern *muss*. Sehr viel sinnvoller wäre es, mit dem Patienten gemeinsam zu schauen, wie es geschehen konnte, dass die natürlichen Instinkte, die einst in ihm wirksam waren, nicht mehr funktionieren. Dazu haben Ärzte nicht die Zeit und in der Regel auch nicht die Ausbildung. Ich würde mir nur wünschen, dass sie die ohnehin schon frustrierten Patienten nicht auch noch in eine Depression treiben.

Auch Regierungen versuchen ihre Bürger zu erziehen. Bis zu einem gewissen Grad dürfen und sollen sie das auch. Dürfte jeder machen, was er wollte, wäre mit uns im wahrsten Sinne des Wortes kein Staat zu machen, sondern Chaos würde herrschen. Gefährlich wird es dann, wenn die Entscheidung, welches Verhalten belohnt und welches bestraft wird, lediglich auf Glauben und nicht auf Tatsachen beruht. Und so ist eine leidenschaftliche Diskussion um das Thema Nudging entbrannt.

Unter dem englischen Begriff *Nudging* (zu Deutsch: stupsen) versteht man Bemühungen von Regierungen oder Organisationen, Menschen zu »vernünftigerem«, sprich: gesünderem, Verhalten anzuregen, sie jedoch nicht dazu zu zwingen. Ein Beispiel dafür wäre, im Schulkiosk das Obst vorne zu deponieren und die Schokoriegel weiter hinten, statt umgekehrt. Niemandem wird sein Schokoriegel vorenthalten, er wird nur nicht gleich mit der Nase darauf gestupst. Sondern auf einen Apfel.

Ein anderes Beispiel für diese sanfte Art von Erziehung sind lustige Bildchen in Urinalen, die zum »Abschießen« animieren, damit die Trefferquote erhöhen und helfen, Reinigungskosten einzusparen.

Problematisch wird es dort, wo die Freiwilligkeit verloren geht. Die Forderung nach Einführung des Veggie-Day wird den Grünen wohl noch lange nachhängen.

Sanftes Stupsen wird akzeptiert, vor allem, wenn es gut gemacht ist. In Japan gibt es Treppen, die wie ein Musikinstrument funktionieren und mit denen der Nutzer eine Melodie erzeugen kann. Er wird damit dafür belohnt, dass er nicht den Fahrstuhl benutzt, der dennoch nach wie vor zur Verfügung steht. Strafen können wir Menschen hingegen gar nicht gut vertragen. Zu Recht fürchten viele sich vor dem Moment, wenn Krankenkassen höhere Beiträge von denen fordern, deren Fitnesstracker nicht ausreichend zufriedenstellende Daten sendet. Sektengläubige neigen nun mal zu solch rigorosen Verhaltensvorschriften.

Im August 2016 wurden die Ergebnisse einer Studie vorgestellt, die die DKV in Auftrag gegeben hatte. Man hatte herausgefunden, dass die meisten Fitnessarmbänder nach einiger Zeit nicht mehr benutzt werden. Es steht zu befürchten, dass die Krankenkassen nun nach noch raffinierteren Methoden suchen werden, um ihre Schäfchen auf den ihrer Meinung nach rechten Pfad zurückzuführen.

Ich bin grundsätzlich gegen alles, was unseren gesunden inneren Maßstab kaputt macht und durch Pseudoreligion ersetzt. Wissenschaftlich erwiesen ist, dass vieles, was wir für gesund halten, tatsächlich eher Glaubenssache ist und weniger auf fundiertem Wissen beruht, und dass manches, das wir lange für das Nonplusultra der Gesundheitsvorsorge hielten, inzwischen als ungesund enttarnt wurde.

Was in Fitnesszeitschriften und auf ihren Covern als Ideal gepriesen wird, hat mit herrschender Mode zu tun, nicht mit dem, was aktuellen wissenschaftlichen Erkenntnissen entspricht. Es ist nichts als das gute alte, von allen

Religionen versprochene: *Glaube an mich, und du wirst ewig leben.*

Nichts gegen Moden. Aber dann sollten Sie Ihr striktes Joggingprogramm, Ihre neu entdeckte Liebe zu Chiasamen und Ihre Weigerung, abends Kohlenhydrate zu sich zu nehmen, auch so nennen. Es ist eine Mode. Es geht darum, so aussehen zu wollen, wie die wenigsten es je erreichen werden. Es geht um einen Wettkampf, darum, dem gerade herrschenden Schönheitsideal so nahe wie möglich zu kommen. Mit Gesundheit hat das nichts zu tun.

Oft hat es nicht einmal etwas mit der Realität zu tun, was dieses Ideal brandgefährlich macht. So, wenn Jugendliche einer Musikikone nacheifern, bei der sich herausstellt, dass der Sixpack, den sie im letzten Video stolz präsentierte, nichts war als das Ergebnis nachträglicher und sehr kreativer Bildbearbeitung.

Schauen wir uns also einmal an, was die Wissenschaft an harten Fakten beispielsweise zum Thema Laufen und Gesundheit anzuführen hat.

In einer Studie aus dem Jahre 2014, in der über 55 000 Menschen über fünfzehn Jahre hinweg begleitet worden waren, stellte sich heraus, dass bereits täglich fünf bis zehn Minuten im Walkingtempo das Leben um drei Jahre verlängern. Das scheint dann aber auch schon die ausreichende Dosis zu sein. Die Menschen, die über drei Stunden in der Woche liefen, holten lebenserwartungsmäßig auch nicht mehr raus. In diesem Fall hilft viel also nicht viel. Derselbe Forscher (Dr. Duck-Chul Lee von der Universität Iowa) fand mit seinen Kollegen übrigens auch heraus, dass das Gewicht für die Lebenserwartung keine so gravierende Rolle spielte wie dieses Minimalprogramm.

In einer großen dänischen Studie wurde festgestellt, dass mehr als drei Stunden Joggen pro Woche sogar eher schädlich ist und dass die untersuchten Personen gesundheitlich zumindest auf das Level derer zurückgefallen waren, die überhaupt keinen Sport trieben.

Was das Marathonlaufen betrifft, sind selbst Sportmediziner der Meinung, dass das mehr mit spirituellem Erleben als mit Gesundheit zu tun hat. Das mit dem spirituellen Erleben finde ich sehr einleuchtend. Wenn ich ein Gehirn wäre, fände ich es auch extrem klasse, für mehrere Stunden völlig ungestört in Standardeinstellung gehen zu können, während der Körper etwas tut, wofür er meinen bewussten Teil nicht braucht. Ich fände das so klasse, dass ich meinen Menschen dafür großzügig mit Glückshormonen beschenken würde.

Die meisten Hausärzte schütteln bei dem Thema allerdings nur noch den Kopf. Sie wissen, dass ein Marathonlauf das Immunsystem ebenso sehr belastet wie eine Chemotherapie.

WENN Sie harte Wettbewerbe lieben, wenn Sie körperlich gern an Ihre Grenzen gehen oder Marathonlaufen als Form der Meditation schätzen – wunderbar. Versuchen Sie bitte nur nicht, sich selbst oder anderen all das als Gipfel dessen zu verkaufen, was man für seinen Körper tun kann.

Für alle anderen gilt: Seien Sie nicht neidisch, sondern nachsichtig, wenn Sie mal wieder mit denen zu tun haben, die ihr

Leben der körperlichen Selbstoptimierung widmen. Sie wissen es nicht besser, denn eine gewaltige Industrie sorgt dafür, dass sie treue Anhänger ihrer Religion bleiben, und erklärt ihnen, was Sünde ist und wie sie Buße tun können.

Aber es ist doch allgemeiner Konsens, dass Sport gesund ist, meinen Sie?

Dazu müssten wir zunächst einmal definieren, was *gesund* bedeutet. Halten wir uns nicht lange mit Blutwerten und Pulsfrequenzen auf, sondern nehmen wir als Kriterium etwas, auf das wir uns wohl alle einigen können: *Gesund* bedeutet alles, was die Lebenserwartung verlängert.

Zugegeben, einiges davon wirkt bei Weitem nicht so cool, wie in superschicken Sportklamotten und mit Kopfhörern durch den Stadtpark zu joggen.

Lange Zeit galt das Benutzen von Zahnseide als der absolute Geheimtipp, um zusätzliche Lebensjahre zu erringen. Vielleicht haben Sie gelesen, dass das Gesundheitsministerium der USA die Empfehlung für dieses Hilfsmittel nun nach über dreißig Jahren zurückgezogen hat. Es wäre allerdings voreilig, daraus zu schließen, dass Zahnseide generell nichts nutzt. Man hat lediglich festgestellt, dass noch ein bisschen mehr darüber geforscht werden muss, wie hoch ihr Nutzen denn nun wirklich ist, zumindest was den Schutz vor Karies betrifft. Allerdings weisen Zahnärzte noch immer darauf hin, dass eine Zahnbürste selbst bei gründlicher Benutzung eben nicht die gesamte Zahnoberfläche erreicht, sondern lediglich 70 Prozent. Kardiologen wissen, dass Zahnfleischentzündungen dazu führen, dass Bakterien und entzündungsfördernde Stoffe in die Blutbahn gelangen. Menschen mit

Parodontitis leiden daher doppelt so häufig wie andere unter Herzerkrankungen.

WENN Ihnen Ihr Herz lieb ist, gehen Sie also auf Nummer sicher und sorgen Sie für Sauberkeit in Ihrer Mundhöhle. Dann noch fünf bis zehn Minuten leichter Trab, meinetwegen auch zu Hause auf der Stelle (wenn Sie wollen, auch in schicken Sportklamotten und mit Kopfhörern) – und Ihnen kann keiner mehr etwas über gesünderes Leben erzählen.

Machen Sie das am besten jeden Tag und prägen Sie damit eine Spurrille im Gehirn aus. Halten Sie es eine Zeit lang durch, und schon ist es zur Gewohnheit geworden.

Übrigens (da wir gerade beim Thema Irrglaube sind): Das Tragen von High Heels ist zurzeit ja total angesagt. Auch hier fällt es den Frauen, die sie tragen (und den Männern, die ihnen dabei zuschauen), schwer, zuzugeben, dass es sich um nichts weiter als eine Mode handelt, um etwas, das man nicht freiwillig tun würde, wenn es nicht gerade trendy wäre. Wer, der noch halbwegs bei Verstand und nicht komplett SM-mäßig drauf ist, trägt freiwillig etwas, das wehtut? Dafür muss es doch bestimmt einen guten Grund geben?

Allgemeiner Konsens ist nicht nur, dass es gesund ist, möglichst schlank zu sein und möglichst viel Sport zu treiben. Wie wir gesehen haben, hält diese Behauptung wissenschaftlicher Überprüfung nicht stand. Beides steigert die Lebenserwartung nicht, sondern kann sie im Gegenteil sogar senken, wenn man es damit übertreibt. Allgemeiner Konsens ist auch, dass High Heels einen sexy Gang machen. Zumindest ist das die übliche Begründung dafür, sie sich anzutun. Überprüft ist so was schnell. Man nehme Frauen mit unterschiedlichem Schuhwerk bei ansonsten gleicher Bekleidung von hinten auf und spiele diese Aufnahmen Menschen vor, die entscheiden sollen, wie sexy der Gang ist. Natürlich sind in den Filmen die Füße nicht zu sehen. Sie ahnen es schon: Ob die Zuschauer den Gang einer Frau als sexy oder nicht bewerteten, hatte nichts damit zu tun, ob die Frauen High Heels oder Sneakers trugen.

Also, gebt es zu, Mädels: Ihr tragt die Dinger, weil sie gerade in sind. Auf einer tieferen, unbewussten Ebene vielleicht auch, weil ihr in ihrer Geschlechterrolle verunsicherten Männern signalisieren wollt:

Keine Angst, ich hab vielleicht einen besseren Schulabschluss als du – aber wenigstens kann ich dir in anderer Beziehung nicht davonziehen. Und weil viele von euch sich immer verunsichert fühlen, wenn Frauen klug sind oder sogar klüger als ihr, muss ich wie eine chinesische Frau vor über hundert Jahren meine Füße verkrüppeln, damit du keine Angst vor mir bekommst und deshalb nicht zur Begattung bereit bist.

Auch hier werden die, die da nicht mitmachen, sanktioniert. So wurde im Jahr 2015 bei den Filmfestspielen in Cannes den Promifrauen, die keine High Heels trugen, der Gang über den roten Teppich verwehrt.

Bei den darauffolgenden Festspielen 2016 bezog sich Julia Roberts noch einmal wortlos auf dieses Verbot, indem sie ihre High Heels auszog, in der Hand trug und barfuß über den Teppich ging.

Sind Sie reif?

Würde man den Reifegrad einer Gesellschaft an dem Input festmachen, dem man jeden Tag durch die Medien ausgesetzt ist, müsste man schwer ins Grübeln kommen.

Es gibt einige Fernsehsender, die als Zielgruppe den erwachsenen Bildungsbürger haben. Dort nimmt man sich die Zeit, Hintergründe zu beleuchten und klugen Menschen die Gelegenheit zu geben, kluge Dinge zu sagen. Aber nicht jeder hat Lust, nach einem anstrengenden Arbeitstag noch mal in die Schule zu gehen. Also sind diese Sender nicht gerade die Quotenrenner.

Das sind eher die Sender, die uns auf unreife Art über das Leben unreifer Menschen informieren. Sie werden gern auch mal von denen angeschaut, die es verdammt anstrengend finden, immer nur erwachsen sein zu müssen, und deshalb davon auch mal abschalten wollen. Für die ist das völlig ungefährlich, denn ihre Persönlichkeit ist schon geprägt. Für andere kann's gefährlich werden.

Ich bemühe mich, nicht allzu sehr in eine »Früher war alles besser«-Attitüde zu verfallen. Zumal das Unsinn ist. Ich habe einmal von der Untersuchung von Historikern gehört, die sich verschiedene vergangene Epochen ansahen und herausfanden, dass das Verhältnis nützlicher und schädlicher Entwicklungen über die Jahrhunderte ziemlich gleich blieb.

Als ich ein Kind war, gab es bei uns noch gar keinen Fernseher, und das war bei den meisten meiner Klassenkameraden nicht anders.

Als wir dann einen hatten, gab es – zumindest gefühlt – jeden Abend Klassiker im Fernsehen, Schiller, griechische Dramen. Nicht weil meine Eltern davon besonders angetan gewesen wären, sondern weil der einzige Sender, den es damals gab, nichts anderes brachte.

Es war erst ein paar Jahre her, dass wir einen Krieg begonnen und verloren hatten, und zumindest manche Menschen kamen auf die Idee, man könne versuchen, sich mit ernsthaften Fragen zu befassen und etwas aus der Vergangenheit zu lernen.

Heute kann man im Fernsehen zumindest tagsüber infantilen Menschen dabei zusehen, wie sie mit beschränkten Mitteln versuchen, das Leben zu meistern – und dabei scheitern.

Kluge Menschen, die sich mit diesem Phänomen theoretisch auseinandersetzen, sehen die Ursachen für diese veränderten Vorlieben beispielsweise darin, dass die früher stabile Mittelschicht mittlerweile verunsichert und abstiegsbedroht ist.

Da hilft es, sich in der eigenen Identität wieder etwas sicherer zu fühlen, indem man auf die herabschaut, die als unfähige Prolls präsentiert werden.

Nicht nur das Publikum wird dazu animiert, sich den Gezeigten überlegen zu fühlen. In den Sendungen, in denen Menschen beigebracht wird, wie man sich stylt, wie man kocht, wie man seine Kinder erzieht, gibt es durchaus auch Besserwisser, die ihr Wissen nicht, wie man es von einem

Lehrer oder Meister erwarten sollte, freundlich und respektvoll weitergeben. So darf der Koch, der angeblich zur Rettung einer Gaststätte herbeigeeilt ist, den Ratsuchenden durchaus auch mal als Drecksau bezeichnen, wenn ihm der Zustand der Küche nicht gefällt. Ob das erwachsen ist? Natürlich nicht. Dass eine derartig unreife Krawalligkeit durchaus kein Ausrutscher ist, zeigt sich daran, dass diese Sequenz bei der Ankündigung der Sendung tagelang in der Programmvorschau wiederholt wurde.

Das kann man lustig finden und jeden für einen Spielverderber halten, der diese Art des Umgangs für bedenklich hält. Wer allerdings daran glaubt, dass ständige Wiederholung unser Gehirn verändert, der wird sich möglicherweise doch fragen, ob das alles nicht vielleicht kleine Puzzlesteinchen sind, die zum allgemeinen Verlust der Impulskontrolle beitragen.

Auch heute noch gibt es intelligente, gut gemachte Unterhaltung. Es muss nicht jeden Abend ein klassisches Theaterstück sein. Aber dass ein Großteil der privaten Sender sein Programm mit Themen bestreitet, die man nicht anders als pubertär bezeichnen kann, das kann einen schon nachdenklich machen. Viele Menschen unter fünfunddreißig besitzen gar keinen Fernseher mehr, sondern schauen sich Sendungen und Clips ausschließlich im Internet an. Niemand wird ernsthaft behaupten wollen, dass es dort erwachsener zugeht oder dass die Welt dort so gezeigt wird, wie sie wirklich ist.

Auch in anderen Bereichen werden die Attribute, die mit dem Erwachsensein einhergehen, mittlerweile nicht mehr als sonderlich erstrebenswert angesehen. Als sexuell attraktiv gelten nach herrschender Mode derzeit Menschen ohne

Körperbehaarung. Frauen müssen nach der Schwangerschaft sofort wieder schlank wie pubertierende Mädchen sein und glatte Kinderbeine statt Cellulite haben.

Das Schönheitsideal hat sich in den letzten fünfzig Jahren gravierend verändert, vom Erwachsenen hin zum Kindlichen. Frauenkörper sind out.

Eine Frau wie Sophia Loren hätte heute keine Chance mehr, sich wie in den 1960er-Jahren in einem Film in Dessous und Strapsen als Inbegriff der Weiblichkeit präsentieren zu dürfen.

Kommen Sie mir jetzt aber nicht damit, dass es auch eine Gegenbewegung gäbe und dass beispielsweise Mattel eine sogenannte Curvy Barbie herausgebracht habe, also die kurvige Variante! Wie schon die alte Barbie habe ich auch diese vermessen und ihre Maße auf Frauenkörper umgerechnet. Was kam dabei heraus? Die angebliche kurvige Puppe hat eine Oberweite, die der Konfektionsgröße 32 entspricht, und Taille und Hüftweite entsprechen gerade mal Größe 36. Nix mit realistischerem und gesünderem Vorbild für kleine Mädchen.

Aber was verstehen die Wissenschaftler eigentlich überhaupt unter Reife?

Die Zeitschrift *Psychologie heute* befragte in ihrem Oktoberheft 2015 einige renommierte Forscher, was sie als Zeichen von Reife in verschiedenen Lebensaltern deuten.

Im Alter von zehn Jahren spielt demnach dabei die Fähigkeit, sich mit anderen zu vergleichen, eine große Rolle. Wenn ich weiß, was meine Stärken und was meine Schwächen sind (und das kann ich nur durch den Vergleich mit anderen feststellen), weiß ich, worauf ich bei mir bauen kann und wo vielleicht noch Nachbesserungsbedarf besteht. Ich kann verstehen, dass ich es mir in Mathe vielleicht auch einmal leisten kann, mich nicht extra auf einen Test vorzubereiten (zumindest bis das Gegenteil bewiesen ist), in Deutsch jedoch nicht, auch wenn mir die Einübung der Entwicklung textbezogener Interpretationen weniger Spaß macht als die Erstellung achsensymmetrischer Figuren.

Hier spielt es bereits eine Rolle, ob ich imstande bin, die Perspektive zu wechseln.

Ich muss fähig sein, meine Sichtweise von »Ich find Laufen doof« zu ändern in »Wenn ich auf dem Sportplatz nicht immer hinterhertrotteln möchte, sollte ich vielleicht nachmittags ab und zu ein bisschen trainieren.«

Günstig ist es natürlich, sich gerade beim Thema Sport etwas auszusuchen, mit dem es einem hinterher besser und nicht etwa schlechter geht.

Ich war – trotz absolut ausreichender Nahrungszufuhr – eine Zeit lang das dünnste Mädchen der Klasse. Inzwischen bin ich sehr froh, dass das zu einer Zeit geschehen ist, als Dünnsein noch kein Anlass für besonderen Stolz war. Wenn eine Jugendliche heute stolz darauf ist, dass ihre Oberschenkel sich nicht berühren, und damit in einen Wettbewerb eintritt, der tödlich enden kann, hat das mit Reife nichts zu tun. Auch hier spielen manche Auswüchse im Internet eine unrühmliche Rolle.

Mit achtzehn Jahren ist es wichtig, Ziele formulieren zu können, aber auch, bereits eine gewisse Selbstständigkeit erworben zu haben.

Eine der besten Vorhersagemöglichkeiten für den Reifegrad in diesem Alter ist die Fähigkeit, mit Geld umzugehen, weshalb ich mich diesem Thema später noch ausführlicher widmen werde.

Ausschließlich vernünftige Entscheidungen zu treffen verlangt kein Forscher von Menschen dieses Alters, denn er weiß, dass die Gehirnentwicklung noch ein paar Jahre braucht und erst mit Mitte zwanzig abgeschlossen ist. Bis dahin neigen wir noch verstärkt dazu, Dinge zu tun, die wir später nicht mehr ganz nachvollziehen können. Das ist auch einer der Gründe, warum kein Mensch jenseits der Lebensmitte sich wünscht, noch einmal zwanzig zu sein. Die meisten würden, dürften sie ein Alter aussuchen, das sie für den Rest ihres Lebens beibehalten könnten, eher etwas zwischen dreißig und fünfzig wählen.

Mit neunundzwanzig Jahren sollte nach der Meinung der Forscher jemand, der als reif bezeichnet werden möchte, einigermaßen wissen, was er will, privat und beruflich. Schließlich ist sein Gehirn jetzt – zumindest auf der Hardwareseite – imstande, die Folgen von Handlungen einzuschätzen.

Das schließt natürlich nicht aus, dass sich Entscheidungen später noch einmal ändern können. Es bedeutet lediglich, dass die Forscher niemandem ein Reifezeugnis ausstellen, der mit Ende zwanzig noch so gar nicht weiß, ob er überhaupt dazu geeignet oder auch nur willens ist, eine feste Beziehung einzugehen oder einen Beruf auszuüben.

Mit vierzig Jahren sollte ein Mensch nach Meinung der Forscher aus seinen Erfahrungen gelernt haben. Er sollte beispielsweise einschätzen können, wie er in bestimmten Situationen reagieren wird, und damit auch in der Lage sein, seine Impulse zu kontrollieren.

Mit fünfundfünfzig Jahren sind reife Menschen imstande auszuwählen, was und wer ihnen guttut, und können sich besser von denen distanzieren, die ihnen nicht guttun. Das bedeutet jedoch nicht, dass sie weniger Kontakte haben. Sozialer Austausch mit Menschen, die das Leben bereichern, bekommt bei reifen Menschen dieses Alters sogar wesentlich mehr Bedeutung als das Anhäufen von Materiellem. Krisen können von ihnen eher als Chancen für Veränderung begriffen werden.

Mit siebzig Jahren zieht ein reifer Mensch Bilanz und denkt darüber nach, was er noch erledigen möchte, beispielsweise, was er wem vererben möchte.

Er erfreut sich mehr als früher an den kleinen Dingen des Alltags.

Apropos kleine Dinge des Alltags: Ich habe schon junge Männer in den Mittzwanzigern sagen hören, sie würden niemals älter als fünfzig werden wollen. Ihre Begründung war, dass niemand über fünfzig noch Sex hätte. Eine solche Aussage hat natürlich mit mangelnder Lebenserfahrung und mit mangelnden Informationen darüber zu tun, wie das Leben von Menschen aussieht, die älter sind als man selbst. Außerdem mit der Unfähigkeit, begreifen zu können, dass das, was mit Mitte zwanzig das Wichtigste auf der Welt zu sein scheint, sich später diesen Platz mit anderen wichtigen Dingen teilen wird.

Zur Beruhigung aller Mittzwanziger: Mit über fünfzig ist praktisch noch jeder sexuell aktiv. Selbst bei den über Achtzigjährigen trifft das noch auf mindestens ein Viertel der Paare zu.

Reife scheint überwiegend darin zu bestehen, Informationen zu sammeln und auszuwerten – über sich selbst und über andere, um die Stärken und Schwächen zu erkennen.

Im Prinzip geht es also ein Leben lang darum, sich veränderten Themen und Anforderungen des Lebens anpassen zu können, darum, die Perspektive wechseln zu können, und darum, Verantwortung für sich selbst und andere zu übernehmen, wozu auch die Fähigkeit zur Impulskontrolle gehört.

Zäumen wir das Pferd von hinten auf und schauen wir uns zunächst einmal an, wie sich Unreife in einem Alter auswirkt, das für Sie höchstwahrscheinlich noch in weiter Ferne liegt.

Vernünftig alt werden

Viele Menschen haben das Problem, dass ihre alten Eltern noch immer unreif sind und sicher auch nicht mehr reifer werden. Dabei rede ich nicht von Menschen, die an einer Demenz erkrankt sind, sondern von denen, die in anderen Bereichen geistig eigentlich noch ganz gut funktionieren.

Ich hatte erwähnt, dass kleine Kinder (in einem Alter, in dem sie den Drei-Berge-Test noch nicht bestehen würden) sich gern einmal die Hände vor die Augen halten und behaupten, man könne sie nicht mehr sehen. Es gibt viele ältere Menschen, die sich ähnlich verhalten. Sie glauben, wenn sie die Themen Alter und Tod ignorieren, würden die einfach verschwinden.

Reifes Verhalten im Sinne der Vorsorge für sich selbst und andere bestünde entsprechend also darin, sich mit diesen Themen nicht erst dann zu befassen, wenn sie gar nicht mehr zu umgehen sind, sondern bereits dann, wenn sie nach menschlichem Ermessen noch in ferner Zukunft liegen. Sonst treibt man irgendwann die Menschen in seiner Umgebung in den Wahnsinn.

Kindern, die schlecht hören oder sehen, ist ihre Beeinträchtigung nicht bewusst, denn sie kennen es nicht anders. Da müssen Eltern und Lehrer schon sehr aufmerksam sein, um festzustellen, dass etwas nicht stimmt und dass Handlungsbedarf besteht.

Im Alter kommen Veränderungen so schleichend, dass sie meist ebenfalls nicht bemerkt werden. Vermindertes Sehvermögen wird einem vielleicht noch bewusst, wenn man die Speisekarte im Restaurant oder das neue Buch nicht mehr mühelos lesen kann. In dem Fall lässt man sich eine Brille verschreiben. Das ist ein Bereich, wo es den meisten Menschen noch einigermaßen gelingt, eine Veränderung selbst zu bemerken.

Beim Hören wird es schon schwieriger mit der Selbstwahrnehmung, und deshalb wird dieser Bereich häufig zum Anlass für Streit mit den Angehörigen. Der Betreffende merkt nicht, dass die Welt um ihn herum immer stiller wird, die Umwelt bemerkt jedoch sehr deutlich, dass sie immer lauter schreien muss, um verstanden zu werden, und dass auch das scheinbar Verstandene oft wenig mit dem tatsächlich Gesprochenen zu tun hat. Irgendwann kommt es dann doch zum Hörtest, zur Diagnose der Schwerhörigkeit und zu einem Hörgerät. Dann gehen die Probleme oft erst richtig los, denn die Familie ist fassungslos, wenn sie feststellt, dass das Ding einfach nicht getragen wird.

Aus der Sicht des Schwerhörigen ist das eine klare Sache: Das Ding funktioniert nicht.

Verständlich. Sein Gehirn hatte sich daran gewöhnt, dass die Sinnesorgane nur noch wenige Geräusche anliefern. Und nun auf einmal dieser infernalische Lärm! Der im Grunde genommen nichts anderes ist als die Welt, wie der Mensch sie wenige Jahre zuvor noch wahrgenommen hat. Und an die er sich wieder gewöhnen könnte, wenn er sich bewusst machen würde, dass er nur ein bisschen Durchhaltevermögen bräuchte, um den »Lärm« wieder als normal zu empfinden und dadurch am Familienleben und an Gesprächen teilnehmen zu können.

Bei Gleitsichtbrillen ist es übrigens ähnlich. Manche haben kaum Probleme, sich daran zu gewöhnen, andere geben schon bald entnervt auf. Viele Optiker sind der Meinung, das sei eine Frage der Einstellung, oder, um es psychologisch auszudrücken, eine Frage der Umstellungsbereitschaft.

Andere Entwicklungen sind durchaus gefährlicher.

Viele Menschen haben ganz offensichtlich Schwierigkeiten damit zu begreifen, dass ihre Fahrtüchtigkeit im Alter abnimmt und dass es irgendwann Zeit wird, den Führerschein abzugeben. Angehörige, die dies deutlich bemerken, reden sich oft vergeblich den Mund fusselig. Wir leben nicht in einem Land, in dem Ältere sich regelmäßig diesbezüglichen Kontrollen unterziehen müssen, obwohl dies sicherlich wünschenswert wäre. Es ist gerade ein paar Tage her, dass ein Vierundachtzigjähriger durch eine Fußgängerzone fuhr (was er schon nicht gedurft hätte), dann Gas und Bremse verwechselte, in ein Straßencafé krachte und dabei zwei Menschen tötete.

Wie jedes Mal kam auch nach diesem Drama wieder die Diskussion darüber auf, warum andere Länder es schaffen, Senioren auf ihre Fahrtüchtigkeit zu testen, und wir Deutschen nicht. Wie jedes Mal waren die Experten sich einig: Das wird auch so schnell nicht kommen, denn die Politiker werden doch nicht ihre älteren Wähler verprellen! Wobei ich diese Überlegung psychologisch betrachtet für Unsinn halte. Da die meisten älteren Autofahrer der festen Überzeugung sind, dass sie selbst noch hervorragend fahren und nur ihre unfähigen Altersgenossen solche Unfälle verursachen, werden sie wahrscheinlich sogar dafür sein, dass die aus dem Verkehr gezogen werden.

Aber es gibt auch Fälle, wo jemand seinen Führerschein freiwillig abgegeben hat, sogar zu einer Zeit, als noch keinerlei Auffälligkeiten auftraten. Einige dieser Menschen tun dies, weil sie verantwortungsbewusst sind, andere schlicht und einfach deshalb, weil sie zu einer gewissen Sturheit neigen und ihnen die Vorstellung, etwas nicht selbst bestimmen zu können, sondern den Führerschein irgendwann abgenommen zu bekommen, ein Graus ist. So oder so – eine gute Entscheidung.

Was treibt die Menschen an, die diesen Zeitpunkt verpassen und bei denen es blankes Glück ist, wenn sie keine Unfälle bauen?

Zum einen hängt es gewiss damit zusammen, dass wir allmähliche Veränderungen einfach nicht wahrnehmen. Nimmt jemand, den wir jeden Tag sehen, langsam, aber stetig zehn Kilo zu, fällt uns das möglicherweise kaum auf. Haben wir ihn aber ein Jahr lang nicht gesehen, bemerken wir es wahrscheinlich sofort. Auch die allmähliche Verschlechterung des Gehörs nehmen Menschen ja in der Regel nicht wahr. Hinzu kommt die Vorliebe des Gehirns für Routinen. *Ich bin ein guter Autofahrer.* Gut, das glaubt fast jeder, der ein Kraftfahrzeug besitzt. Wir bemerken hier eine allmähliche Verschlechterung einfach nicht, denn im Gegensatz zum Lesen gibt es keinen fühlbaren Maßstab dafür. Hinzu kommt, dass Menschen im Alter oft Probleme mit dem Laufen haben oder damit, schwere Dinge zu schleppen. So können sie sich noch ein ganzes Stück jünger fühlen, wenn sie mit dem Auto zum Einkaufen fahren, statt mit dem Rollator unterwegs sein zu müssen. Nachvollziehbar, aber leider oft mit fatalen Konsequenzen.

Auch hier muss man die Fähigkeit besitzen zu begreifen, dass es andere Standpunkte als den eigenen gibt und dass der vielleicht schlicht und einfach ein Update braucht.

Noch schwieriger ist natürlich für viele Menschen die Beschäftigung mit dem Thema Tod. Häufig genug müssen Angehörige darüber rätseln, ob der verstorbene alte Mensch eine Erd- oder eine Feuerbestattung vorgezogen hätte. Einfach weil selbst viele Hochbetagte jeden Gedanken an den Tod vermeiden.

Das Versagen der Eltern beim Thema Erbe ist für viele Kinder fast noch fataler.

Es gibt kaum etwas, das Familien nachhaltiger und oft auf Generationen hinaus zerstören kann, als wenn Eltern hier die Augen verschließen. Ich kenne es aus meinem Umfeld, ich kenne es von meinen Patienten, und Sie kennen sicher auch mehr als einen Fall, in dem eine Familie darüber zerbrach, dass es Eltern nicht gelang, mit diesem Thema angemessen umzugehen.

Damit verwandt ist etwas, das oft schon lange vor dem Ableben der Eltern Unruhe in eine Familie bringt und das mit dem Thema Erbe verwandt ist. Es handelt sich um das Beschenken der Kinder. Solange sie noch klein sind, ist den Eltern meist klar, dass, wenn ein Kind etwas bekommt, auch die anderen etwas bekommen müssen, von Geburtstagen vielleicht abgesehen. Das instinktive Wissen, dass wir Menschen auf Gerechtigkeit gepolt sind und dass selbst Kinder, die noch kein Jahr alt sind, bereits ein Gespür dafür haben, geht in vielen Familien allerdings irgendwann verloren.

Dann wird einem Kind heimlich mehr zugesteckt als den anderen, sei es, weil es weniger Geld verdient, sei es, weil es selbst Kinder hat, die Geld kosten, sei es, weil es mit seinen Wünschen durchsetzungsfähiger ist als die anderen und die Eltern sich nicht trauen, ihm diese abzuschlagen. Es gibt durchaus nachvollziehbare Gründe, es so zu handhaben, dass der eine mehr und der andere weniger bekommt. Aber wenn es irgend möglich ist – und in Familien, in denen bisher alles richtig gemacht wurde, ist das möglich –, sollten sich alle an einen Tisch setzen. Da wir ab Werk mit Gerechtigkeitssinn ausgestattet sind, sind erwachsene Kinder meist durchaus imstande, Regelungen zu finden, die alle Seiten zufriedenstellen.

Richtig schwierig wird es sonst spätestens dann, wenn die Eltern nicht mehr leben oder wenn solche heimlichen Schenkungen ans Licht kommen. Gerade in Familien, wo schon immer kaum genug Liebe für ein Kind vorhanden war, geschweige denn für mehrere, bekommen Geld und materielle Güter die Bedeutung einer Ersatzwährung. Wo Liebe nicht spürbar war, geht man davon aus, dass die Eltern den am meisten geliebt haben, der das meiste von ihnen bekam oder dem es gelang, ihnen am meisten abzuschwatzen.

Keine Regelungen zu treffen, die verhindern, dass die eigenen Kinder nach dem Tod der Eltern zu erbitterten Feinden werden, ist eine extreme Form der Ignoranz.

Auch wenn man sich darüber streitet, ob der Satz *Alt werden ist nichts für Feiglinge* von Bette Davis oder von Mae West stammt, sind die meisten sich doch einig darüber, dass viel Wahrheit darin steckt.

WENN Sie den Kopf über Ältere schütteln, die es nicht schaffen, vernünftige Entscheidungen zu treffen, überlegen Sie, inwieweit Sie das besser hinkriegen. Je früher Sie es lernen, desto größer ist die Wahrscheinlichkeit, dass Sie es auch im Alter schaffen werden.

Also, falls Sie es noch nicht in der Schublade liegen haben: Erstellen Sie eine Vorsorgevollmacht und eine Patientenverfügung. Und machen Sie ein Testament, sofern Sie nicht von der Hand in den Mund leben.

Wenn Sie sich einreden wollen, dafür hätten Sie noch ewig Zeit, sind Sie nicht besser als der Achtzigjährige, der sich an seinen Führerschein klammert, obwohl er von Glück reden kann, dass er noch niemanden überfahren hat.

Wir alle kennen Beispiele von prominenten Sportlern, die bei der Ausübung ihres Sports oder in anderen Situationen sehr schwere Unfälle erlitten, die sie zumindest für lange Zeit daran hinderten, für sich selbst zu sorgen.

Ich hatte einmal mit einem Patienten zu tun, der noch keine dreißig war, als er nach einem schweren Unfall monatelang im Koma lag. Während dieser Zeit durften die Menschen, denen er am meisten vertraute, sich nicht um ihn kümmern, denn er hatte keine entsprechende Verfügung getroffen.

In unserem Bekanntenkreis gab es den Fall eines Mannes im mittleren Lebensalter, der völlig überraschend an einem

Herzinfarkt verstarb. Da kein Testament existierte, waren seine Geschwister, zu denen er schon lange keinen Kontakt mehr gehabt hatte, allein erbberechtigt, und seine langjährige Lebensgefährtin musste aus dem Haus ausziehen, in dem beide bisher zusammen gelebt hatten.

Machen wir nun einen Sprung von einigen Jahrzehnten zurück und widmen uns der Reife derer, die gerade erst beginnen, ihre ersten Schritte ohne die Eltern zu machen.

Sofern sie nicht daran gehindert werden.

Nabelschnüre und Helikopter

Vor einiger Zeit las ich von einem Kollegen, der die wissenschaftliche Literatur daraufhin durchforstet hatte, wie sich das Verhältnis von Kindern und Jugendlichen zu ihren Eltern entwickelt hat. Er stellte fest: Noch nie war es so gut wie heute. Noch nie waren Kinder so zufrieden mit ihren Eltern und gaben an, bei den eigenen Kindern alles ganz genauso machen zu wollen.

Ich fand diese Erkenntnis ausgesprochen beruhigend.

Einige Tage später begann allerdings der zarte Wurm des Zweifels an mir zu nagen. Ist wirklich alles so rosig, oder hat diese Veränderung auch ihre Schattenseiten? Finden die Kinder und Jugendlichen ihre Eltern heute vielleicht einfach deshalb so klasse, weil die ihnen länger ermöglichen, keine Verantwortung übernehmen zu müssen und das Elternhaus als soziale Hängematte nutzen zu können? Wäre es möglich, dass das erfreulich gute Verhältnis, das die meisten Kinder heute zu ihren Eltern haben, zu Lasten ihrer Selbstständigkeit geht?

Immerhin bringen heute beispielsweise 90 Prozent aller Eltern ihre Kinder zur Schule. Früher waren es zehn Prozent. Fragt man die Eltern, warum sie ihren Kindern den selbstständigen Schulweg nicht zumuten wollen, erhält man die Antwort, das sei sicher auch Bequemlichkeit aufseiten der Kinder.

Sicherer wird der Schulweg der Kinder dadurch jedenfalls nicht, denn nach Expertenmeinung stellt die Kurzparkerei vor der Schule ein erhebliches Unfallrisiko für die Kinder anderer Eltern dar.

Aber offenbar ist es nicht nur bei Kindern so, dass, wenn einmal jemand etwas angefangen hat, alle es nachmachen, sondern auch bei den Eltern. Ebenso wie bei der Sache mit der ständigen Erreichbarkeit übers Handy glauben viele Eltern, mit dem Transport mehr für die Sicherheit ihrer Kinder zu tun. Sie nehmen dafür das größere Risiko in Kauf, dass ihre Kinder erheblich unselbstständiger sind, als sie selbst es im gleichen Alter waren.

Von Uniprofessoren hört man immer häufiger, dass bei Gesprächen mit den Studenten deren Mama oder Papa danebensitzt, und das nicht nur bei denen, die infolge von G12 bei Studienbeginn noch nicht volljährig sind. Früher markierte der Studienbeginn die Zeit, wenn man sich auf den Nestrand setzte und die ersten Flugversuche ins eigene Leben startete. Ohne Aufsicht der großen Vögel.

Vor Kurzem habe ich im Fernsehen eine Endzwanzigerin gesehen, die noch bei den Eltern wohnte und keine Probleme damit hatte, zuzugeben, dass sie nicht kochen konnte.

»Muss ich ja auch nicht«, meinte sie. »Meine Mama kocht ja.«

Dazu, dass eine Frau in dem Alter, in dem ihre Mutter wahrscheinlich schon verheiratet war und mindestens ein Kind hatte, sich noch aufführt wie eine Zwölfjährige, gehören natürlich mindestens zwei. In dem Fall offenbar auch eine Mutter, die von sich aus ihrer Tochter nie signalisiert hatte, dass Kindheit irgendwann einmal ins Erwachsensein übergeht und dass die Brustfütterung dann ein Ende hat.

Die Eltern, die der festen Überzeugung sind: »Mit achtzehn fliegen meine Kinder raus«, müssen nicht unbedingt Rabeneltern sein. Ich gebe zu, dass der Spruch *Wenn die Kinder klein sind, gib ihnen Wurzeln, wenn sie groß sind, gib ihnen Flügel* schon ziemlich ausgelutscht ist. Was allerdings nicht das Geringste an der Richtigkeit seiner Aussage ändert.

Unlängst wurde eine Untersuchung veröffentlicht, der zufolge der pro Kopf bei einem Open-Air-Festival anfallende Müll sich in den vergangenen Jahren mehr als vervierfacht hat. Das kann natürlich viele Gründe haben, aber eben auch die, dass jemand allzu lange nicht nur die Beine unter den elterlichen Tisch gestreckt hat, sondern dass er auch nie dazu angehalten wurde, nach dem Essen sein Geschirr in den Geschirrspüler zu räumen, diesen anzuschalten, das Geschirr anschließend wieder zu entnehmen und in den Schrank zu stellen. Und dabei habe ich die Königsdisziplinen Tisch decken, Wasserkästen aus dem Auto räumen oder gar Kochen noch gar nicht erwähnt.

Da der Umgang mit Geld als einer der Knackpunkte hinsichtlich der notwendigen Reife gilt, stellt sich auch die Frage, wie man seinen Kindern diese Fähigkeit beibringen kann.

Wer nicht mit Geld umgehen kann, hat oft Probleme mit Grenzen. Ihm wurden als Kind entweder zu viele oder zu wenige gesetzt. Bei wem die elterliche Geldquelle unbegrenzt floss, der kann so wenig lernen, dass Geld eingeteilt werden muss, wie derjenige, der nie Taschengeld bekommen hat.

Bei vielen Eltern läuft das so: Die Kinder bekommen pro Monat eine bestimmte Summe, über die sie frei verfügen können. Wünschen sie sich etwas und haben das Taschengeld bereits ausgegeben oder sehen nicht ein, dass sie sich davon trennen sollen, wenden sie sich an Eltern oder Großeltern und betteln. Häufig haben sie Erfolg damit, und es wurde eine Chance vertan, ihnen beizubringen, dass man monatlich nun mal nur einen bestimmten Betrag zur Verfügung hat und keine schier unendlich sprudelnde Quelle.

Es besteht also eine Grauzone, in der nicht geklärt ist, was denn nun tatsächlich vom Taschengeld bestritten werden muss und was es nebenher gibt.

Es wird Sie überraschen, aber ich rate den Eltern, die schon etwas größere Kinder haben, nicht etwa dazu, ihnen weniger Taschengeld zu geben, sondern im Gegenteil mehr. Wenn man verhindern will, dass sie später nicht mit Geld umgehen können, sollte man ihnen meines Erachtens sogar sehr viel mehr Taschengeld geben als durchschnittlich üblich.

RECHNEN Sie einmal über längere Zeit aus, wie viel Ihr Kind Sie kostet. Das Dach über dem Kopf und das Essen sind frei, aber alles andere sollten Sie aufschreiben. Da kommt übers Jahr allerhand zusammen, nicht wahr? Und dann sollten Sie beginnen, Ihrem Kind spätestens mit vierzehn jedes Jahr mehr Geld und damit mehr Verantwortung zu geben.

Am Anfang sind es vielleicht nur die Sachen für die Hobbys, die es außerhalb von Weihnachten und Geburtstagen so nebenbei gegeben hat. Was Sie bisher dafür ausgegeben haben, wird ab jetzt dem monatlichen Taschengeld zugeschlagen. Und zwar alles. Später sind es dann die Klamotten, noch später Utensilien für die Schule.

Ich halte das – bis zum Beweis des Gegenteils – für eine Win-win-Situation. Ihr Kind wird überglücklich sein, plötzlich über derartige Reichtümer zu verfügen, und Sie müssen nicht ständig Debatten darüber führen, was es gibt und was nicht. Natürlich funktioniert das Ganze nur mit Konsequenz. Wenn das Geld weg ist, ist es weg. Kredite gibt es nicht, es sei denn, Sie wollen Ihrem Kind beibringen, dass man sich im Leben ja auch immer wieder verschulden kann.

Klar, Jugendliche versuchen ständig, Grenzen zu ihren Gunsten zu verschieben, und verwenden dazu das seit Generationen bewährte Argument: »Alle dürfen, nur ich nicht.« Wobei allen mathematischen Regeln zum Trotz *Alle* in diesem Fall jede Zahl bedeuten kann, die größer als Eins ist. (Meist jedoch nicht sehr viel größer.) Natürlich ist es zermürbend, da immer wieder gegenzuhalten und das durchzusetzen, was man für geboten hält, dem Kind einerseits immer mehr Verantwortung zu übertragen und es andererseits vor sich selbst und dem zu schützen, was es noch nicht richtig einschätzen kann.

Ein schönes Beispiel dafür, wie man es besser nicht macht, findet sich beim Thema Neuanschaffungen von Kleidung für Eltern und Kinder.

Es ist fast ein halbes Jahrhundert her, dass ich auf der Straße eine elegant gekleidete Dame gesehen habe, die ein sehr unglücklich aussehendes Kind hinter sich herzog, das ausgesprochen schäbig angezogen war. Ich fand das so traurig und ungerecht, dass mich das Bild nie verlassen hat und ich noch heute genau weiß, wo das war.

Inzwischen ist eher das Gegenteil auf unseren Straßen zu finden: Eltern, die sich Kleiderkäufe für sich selbst versagen, um die Wünsche ihrer heranwachsenden Sprösslinge nach Markenklamotten bedienen zu können.

WENN Sie mal wieder in einen Disput mit Ihren Kindern darüber geraten, warum sie unbedingt Jeans, Schuhe oder dergleichen in Preisklassen benötigen, die für Sie selbst nie infrage kämen, geben Sie ihnen doch mal eins zu bedenken: Forscher, die Jugendliche in verschiedene Subkulturen einteilen, zählen die Markenklamottensüchtigen der Unterschicht zu.

Wer also wirklich soziales Prestige erwerben will, pfeift besser auf dergleichen Statussymbole.

Wenn Sie Ihren Kindern mehr Luxus bieten, als Sie sich selbst gönnen, bringen Sie ihnen damit lediglich bei, dass man nicht arbeiten muss, um sich alles leisten zu können, und außerdem, dass Konsum das ist, was einen beliebt macht.

Empfinden Sie Ihre Kinder als besonders anspruchsvoll, so haben Sie das mit zu viel Nachgiebigkeit in der Vergangenheit höchstwahrscheinlich selbst verschuldet und ihnen nie deutlich gemacht, wie viel Geld der Familie zur Verfügung steht, was davon alles bezahlt werden muss und wie der Rest einigermaßen gerecht verteilt werden kann.

Aus einem solchen Teenager wird dann möglicherweise einer der Erwachsenen, die sich als Patienten bei mir beklagen, dass sie nicht mit ihrem Geld auskommen. Wenn ich ihnen dann vorschlage, einmal über einige Zeit ein Haushaltsbuch zu führen, um herauszufinden, wohin das Geld verschwindet, klappt das meist nicht. Das ist auch kein Wunder, Denn Ratschläge, die nur anbieten, was man eh schon kennt, funktionieren *nie*. Dass es so etwas wie Haushaltsbücher gibt – auch als Apps – weiß jeder. Wenn dieses Wissen allerdings keine entsprechende Handlung nach sich zieht, gibt es unbewusste Gründe, die dagegen sprechen. Beispielsweise die Tatsache, dass man sich bisher doch nie hat einschränken müssen. Ich habe vierzigjährige Patienten, denen immer wieder von den Eltern großzügig aus der Patsche geholfen wird, wenn ihr Lebenskonzept *Ich kann mehr ausgeben, als ich verdiene* mal wieder nicht aufgegangen ist. Natürlich finden sie es nicht schön, wenn die Bank wieder einmal wichtige Überweisungen nicht ausgeführt hat. Aber diese unangenehmen Momente reichen nicht aus, um gegen die überwältigende Flut der Erfahrungen anzukommen, die besagen: *Richtig tief kann ich nicht fallen. Meine Eltern fangen mich schon auf.* Da kämpfen dann auch Therapeuten vergebens, denn Einsicht ist die Voraussetzung für Veränderung.

Wenn ein Pendel stark in eine Richtung ausschlägt – in diesem Fall in Richtung des extremen In-Watte-Packens des Nachwuchses auch dann, wenn er in der Lage sein sollte, sich selbst dem einen oder anderen rauen Lüftchen zu stellen –, liegt immer der Verdacht nahe, dass der Schwung vorher zu stark in die andere Richtung gegangen ist.

Tatsächlich war in unserem Land der liebevolle Umgang mit Kindern zumindest eine Zeit lang nahezu verpönt. Man wollte

Soldaten heranziehen, keine Menschen, die zum Mitgefühl fähig waren.

Eine unrühmliche Rolle spielte dabei das Buch *Die deutsche Mutter und ihr erstes Kind* von Johanna Haarer. Demnach hätten Freude, Zuneigung und Trösten in der Erziehung nichts verloren. Ein schreiender Säugling solle nicht beachtet werden. Er sei nicht jemand, der Hilfe brauche, sondern ein Tyrann, dem man sich nicht beugen dürfe. Während Mütter sich normalerweise instinktiv genau auf den Abstand annähern, der dem Punkt des schärfsten Sehens beim Kind entspricht, empfahl Johanna Haarer einen Abstand, der groß genug sei, dass das Kind die Mutter nur verschwommen sehen könne, damit keine zu enge Bindung entstehe.

Aus der Sicht einer totalitären Ideologie waren diese Vorschläge Gold wert. Denn all dies führt aus Sicht der Bindungsforscher später nicht nur zu einem Mangel an Empathie, sondern auch dazu, statt Neugier Misstrauen allem Fremden gegenüber zu entwickeln.

Falls Sie sich wundern, warum ich mich einem Thema so ausführlich widme, dessen Inhalte doch scheinbar schon sehr lange zurückliegen: Dieses Buch erschien in Millionenauflage und wurde noch in den 1960er-Jahren in der Ausbildung von Hauswirtschafterinnen verwendet. Wenn man weiß, wie lange Einstellungen innerhalb einer Familie von Generation zu Generation weitergegeben werden, kann man sich gut vorstellen, dass sie oft noch bis heute fortwirken.

Erst vor Kurzem habe ich von einer jungen Mutter gehört, ihre Schwiegermutter habe kritisiert, dass der wenige Tage alte Säugling dann gestillt wurde, wenn er das Bedürfnis danach äußerte, und dass kein strenger Fütterplan eingehalten wurde.

Erziehung ist kein Lehrberuf, und auch wenn die meisten Menschen, die heute beratend für junge Mütter tätig sind, dies auf der Basis der Bindungsforschung tun, gibt es noch immer verunsicherte junge Eltern, die sich fragen, ob es nicht doch besser sei, einen Säugling schreien zu lassen. Alle paar Jahre poppt dann mal wieder ein Buch hoch, das, in schlimmster Haarer'scher Tradition, die Meinung verbreitet, nur so könne ein Kind lernen, sich selbst zu regulieren, und schließlich höre es irgendwann ja tatsächlich mit dem Schreien auf. Klar tut es das. Aber eben nur, weil es resigniert hat.

Einige der Kinder von Johanna Haarer äußerten sich später zur Erziehung ihrer Mutter und berichteten, dass sie ein Leben lang unter ihrer Gefühlskälte gelitten und die Auswirkungen gespürt hätten.

Heute droht das elterliche Verhalten oft eher ins Gegenteil zu kippen. Also stellt sich die Frage, was denn nun schlimmer ist: zu viel oder zu wenig Fürsorglichkeit?

Auch hier wieder meine Standardantwort: Auf die gesunde Mitte kommt es an. Überfürsorglichkeit schadet, verhindert Reifung oder verzögert zumindest den Prozess.

Die schlimmeren Folgen hat es meines Erachtens aber, wenn Eltern sich zu früh aus der Erziehung verabschieden. Bis zum achtzehnten Lebensjahr der Kinder sind die Eltern für deren gesunde Entwicklung verantwortlich. Nach Meinung der Hirnforscher ist das eher knapp bemessen, denn so richtig gescheit sind wir ja erst circa sieben Jahre später. Umso wichtiger, den Erziehungsauftrag wenigstens bis zur

Volljährigkeit ernst zu nehmen. Kinder einfach laufen zu lassen, nur weil sie pubertätsbedingt öfter widersprechen, ist jedenfalls keine gute Idee. Auch wenn es für Sie paradox klingen mag: Selbst wenn Ihr Kind jedem einzelnen Ihrer Anordnungen Gemaule entgegensetzt, fühlt es sich sehr allein und sehr verlassen, wenn Sie beschließen: *Er lässt sich ja doch nichts mehr sagen, also kann ich gleich den Mund halten.*

Sollten Sie bis zur Pubertät ein gutes Verhältnis zu Ihrem Kind gehabt haben, können Sie felsenfest davon ausgehen, dass dieses hinter all dem Gemotze nach wie vor existiert und dass Sie jetzt nur einen Fehler machen können: es vorzeitig aufzukündigen.

Abgerechnet wird am Schluss bei der Erziehung, also lassen Sie sich nicht irremachen, wenn gemeckert wird. Vieles werden Ihre Kinder vielleicht erst zehn bis fünfzehn Jahre später einsehen.

Vicco von Bülow alias Loriot meinte einmal, das Einzige, was er seinem Vater vorwerfe, sei, dass der ihn nicht gezwungen habe, Klavier spielen zu lernen. Aber eine solche Einsicht in die förderlichen Absichten der Eltern funktioniert nur auf der Basis einer guten Beziehung, die vom ersten Tag an aufgebaut wurde.

Wenn Sie also wollen, dass Ihr Kind irgendwann Ihre Weltsicht teilt, dann seien Sie freundlich zu ihm. Sonst hasst es später vielleicht alle, die so denken wie Sie, und macht auch noch eine Ideologie daraus.

Aber was genau sind die Ursachen dafür, dass Menschen heute immer später ins eigene Leben starten?

Einer der Gründe ist sicher, dass der Zeitpunkt für das Verlassen des Nests nicht mehr klar markiert ist. Vor einigen Jahrhunderten war das bei jungen Handwerkern der Moment, wenn sie die Familie und die Heimat verließen, um bei einem fremden Meister in die Lehre zu gehen statt beim eigenen Vater. Bei Frauen war es die Heirat.

Noch vor wenigen Generationen war alles klar strukturiert. Man machte eine Ausbildung und bekam anschließend einen Arbeitsplatz in einer Firma, die man erst fünfzig Jahre später wieder verließ, um in Rente zu gehen – mit einer goldenen Uhr als Dank für langjährige Mitarbeit. Viele meiner Patienten haben Eltern oder Großeltern, die völlig geschockt sind, wenn ihre Kinder oder Enkel die Firma wechseln, denn früher wären nur sehr unstete Menschen auf eine derartige Idee gekommen. Inzwischen ist das Wechseln jedoch Normalität. Viele rechnen von Anfang an damit, nicht länger als zwei Jahre dort zu bleiben, wo sie ihren ersten Job antreten. Ganz davon abgesehen, dass es erst mal vielleicht sowieso nur einen befristeten Vertrag gibt, oder gar nur das berühmte Praktikum, das einer ganzen Generation ihren Namen gegeben hat.

Wenn so unsicher ist, wo man einmal landen wird, bietet wenigstens Hotel Mama Sicherheit. Aber es gibt noch einen anderen, mindestens genauso wichtigen Grund, dort nicht ausziehen zu müssen.

Vor der Erfindung zuverlässiger Verhütungsmittel wurden Frauen – ob gewollt oder ungewollt – irgendwann schwanger, viele von ihnen »mussten« heiraten, und es wurde ein eigener Hausstand gegründet. Konkrete Zahlen dazu habe ich nicht gefunden, aber ich war schon überrascht zu erfahren, wie häufig das bei den Eltern meiner Altersgenossen der Fall war. Eigentlich nahezu flächendeckend. Von wegen kein Sex vor der Ehe!

Als dann endlich die Zeit kam, in der Sex und Kinderkriegen nicht mehr zwangsläufig miteinander gekoppelt waren, waren Eltern zunächst immer noch nicht begeistert davon, dass Freund oder Freundin des Sprösslings die Nacht unter ihrem Dach verbringen wollte. Was sollten denn die Nachbarn denken? Zumal es noch den Kuppeleiparagrafen gab, der es unter Strafe stellte, wenn Eltern derlei Treiben duldeten.

Wenn man ungestörten Sex haben wollte, war es also eine gute Idee, irgendwann zu Hause auszuziehen.

Mittlerweile haben zumindest in unserer Kultur die wenigsten Eltern Probleme damit, nachts im Bad oder morgens am Frühstückstisch wildfremden Menschen zu begegnen, und sie machen deshalb keinen großen Aufstand. Lust auf regelmäßigen Sex ist also auch kein Grund mehr, das kuschelige elterliche Nest zu verlassen – und Verantwortung für sich selbst und das eigene Leben zu übernehmen.

Selbsterziehung

Die Fähigkeit, für sich selbst Verantwortung zu übernehmen, beinhaltet, einen guten Ausgleich zwischen Es und Über-Ich zu finden.

Es geht darum, nicht mehr den Eltern die Erziehung zu überlassen oder die Aufgabe, einen immer wieder aus Schwierigkeiten herauszuholen, in die man sich selbst gebracht hat. Stattdessen sollte man lernen, sich selbst ein guter Elternteil zu sein, der weder streng oder gar vernichtend ist, der aber auch nicht alles durchgehen lässt. Gesund ist, wenn es einem gelingt, sich selbst und andere nicht zu schädigen und dennoch Spaß am Leben zu haben.

Gerade – aber nicht nur – jüngere Patienten kommen oft mit dem Problem zu mir, dass es ihnen schlecht gelingt, sich selbst in dem Maße zu disziplinieren, wie sie es sich wünschen.

Also ihrem Es zu zeigen, wo der Hammer hängt.

Bei Patienten, denen es beispielsweise schwerfällt, sich auf eine Prüfung vorzubereiten, frage ich immer nach ihrem Tagesablauf oder bitte sie, mindestens eine Woche lang aufzuschreiben, womit genau sie die wachen Stunden verbringen.

Hier ist es wichtig, sich daran zu erinnern, dass das Hirn Gewohnheiten liebt. Wenn Sie sich angewöhnt haben, nach dem Frühstück erst mal eine Runde auf Smartphone oder Tablet zu daddeln, werden Sie das automatisch weiter tun, denn Ihr Gehirn hat die Verknüpfung hergestellt: *Nach dem*

Frühstück: Spielen. Sie werden sich zwar einreden, dass nach einem halben Stündchen Schluss ist, aber dann sind Sie schon in der Spurrille drin und kommen nicht wieder so leicht heraus. Denn, wie erwähnt, während automatisierter Tätigkeiten nimmt der Teil des Gehirns, der für Entscheidungen zuständig ist, eine Auszeit. Bei Games ist es besonders schwer, aus der Spurrille herauszukommen, denn ihr Ende ist oft nicht absehbar. Selbst wenn Sie keine *Leben* mehr haben, können Sie noch mal von vorn anfangen oder ein anderes Spiel beginnen.

Eine wichtige Rolle, um nicht in unerwünschte Spurrillen zu geraten, spielen die Weggabelungen, die eine Entscheidung erforderlich machen. Eine solche Weggabelung ist das Beenden einer Tätigkeit und das Beginnen einer anderen.

BEGINNEN Sie Tätigkeiten, die kein natürliches Ende haben, nur dann, wenn Sie es sich zeitlich wirklich leisten können. Fangen Sie ansonsten gar nicht erst damit an.

Eltern, die ihren Kindern morgens vor der Schule erlauben, noch ein bisschen Lego zu spielen, werden viel größere Probleme haben, sie für den Aufbruch in die Schule zu begeistern als die, bei denen in der Zeit zwischen Aufstehen und Aufbruch die Weichen bereits deutlich auf *Schule* gestellt sind. Schuld an den Problemen sind dann nicht die unartigen Kinder, die einfach nicht hören wollen, sondern die Eltern, die sie aufs falsche Gleis gesetzt haben.

Erwachsene funktionieren nicht anders. Ich empfehle, bevor man sich an die Prüfungsvorbereitungen setzt, eben nicht erst noch eine Runde zu spielen. Sie haben dann in Ihrem Gehirn bereits das falsche Programm gestartet. Starten Sie gleich das richtige, wird es Ihnen in der Regel auch nicht schwerfallen, an dem Punkt weiterzumachen.

Dieses Programm wird ganz einfach gestartet:

Setzen Sie sich an den Schreibtisch.

Sie haben keinen Schreibtisch oder erledigen Schreibarbeiten dort, wo Sie auch spielen? Dann wird es schon ein bisschen schwieriger.

SCHAFFEN Sie sich einen Platz, der wirklich nur fürs Arbeiten da ist. Ihr Gehirn erhält dort automatisch den auslösenden Reiz.

Die Entscheidung zu treffen, umgehend mit dem Arbeiten anzufangen, fällt nämlich erheblich schwerer an einem Platz, an dem Sie normalerweise auch andere Dinge tun.

Man muss also nicht unbedingt süchtig sein, damit Spiele einen davon abhalten, wichtigere Dinge zu erledigen. Ob die Gefahr besteht, dass sich diesbezüglich tatsächlich eine Sucht bei Ihnen entwickelt, können Sie relativ leicht selbst herausfinden.

Wenn Sie ein Mann sind, sind Sie gefährdeter, ebenso wenn Sie mit Ihrem Leben in der realen Welt unzufrieden sind, wenn es um Ihr Selbstwertgefühl nicht allzu gut bestellt ist und/oder wenn Sie unter ADS oder ADHS leiden.

Ich hatte gleich mehrere Patientinnen in Therapie, die mit den Vätern ihrer Kinder immer wieder Auseinandersetzungen hatten oder die sich sogar von ihnen trennten, weil es den Männern nicht gelang, die Unterprogramme des Programms *Vatersein* zu starten. Sie kamen nach Hause, aßen zu Abend und starteten das Programm *Daddeln*. Als seien sie nicht Väter, sondern ältere Brüder ihrer Kinder, saßen sie den ganzen Abend vor PC oder Spielkonsole und hielten ihre bloße Anwesenheit für einen ausreichenden Beitrag zum Familienleben.

Früher war es einfacher. Vater kam nach Hause und las erst mal die Zeitung, um zu entspannen. Das war auch gut so, denn ein noch von der Arbeit gestresster Vater ist kein guter Vater. Irgendwann war die Zeitung ausgelesen, und der Vater konnte einen neuen automatisierten Prozess beginnen und beispielsweise entscheiden, sich mit den Kindern zu beschäftigen. PC-Spiele haben keine letzte Seite. Da ist allenfalls Schluss, wenn man das absolut finalste Ober-Boss-Monster gekillt hat, was einige Monate dauern kann beziehungsweise bei Online-Rollenspielen nie der Fall sein wird. Folglich wird bei diesen Spielen auch die Suchtgefahr als besonders hoch eingeschätzt.

WENN Sie männlich sind, mit Ihrem Leben unzufrieden, kein allzu gutes Selbstwertgefühl haben und unter ADS oder ADHS leiden, dann seien Sie mit Games vorsichtig und lassen am besten die Finger von Onlinespielen. Und erst recht, wenn Sie Kinder haben.

Nur weil es in diesem Beispiel um einen Vater geht und weil Männer, was Games betrifft, gefährdeter sind, heißt das nicht, dass Mütter nicht auch ähnlichen Suchtgefahren unterliegen, wie wir an der erwähnten Plakataktion in Frankfurt gesehen haben. Frauen stehen lediglich unter einem stärkeren Druck, eine gute Mutter sein zu müssen. Wie die zu sein hat, glaubt jeder zu wissen, während für das Berufsbild Vater bisher eher nur verschwommene Jobbeschreibungen existieren, die viel Interpretationsspielraum zulassen.

Damit wir uns nicht missverstehen: Wenn ich von Müttern und Vätern spreche und davon, dass die Mutter die Kinder hütet und der Vater von der Arbeit kommt, rede ich nicht von meiner persönlichen Traumfamilie und hänge damit einem überalterten Rollenbild an. Ich richte mich lediglich nach der statistischen Wahrscheinlichkeit. Ich bin allerdings froh über jede Familie, in der beide Partner die Hälfte sowohl der Berufs- als auch der Erziehungsaufgaben übernehmen, und ich gehe auch davon aus, dass das Kindern besonders guttut. Denn egal, ob es sich um Jungen oder Mädchen handelt, sie lernen damit schon früh, dass sie nicht auf ein bestimmtes Rollenverhalten festgelegt sind. Vor allem Jungen profitieren gesundheitlich enorm davon. Die Fachleute sind sich einig, dass die um etwa fünf Jahre geringere Lebenserwartung der Männer ausschließlich vom Festhalten an klischeehaften Vorstellungen darüber rührt, was es bedeutet, ein Mann zu sein.

WENN Sie möglichst früh wissen wollen, ob Ihr Auserwählter sich wirklich zum Vater Ihrer Kinder eignen wird, erkundigen Sie sich, ob sein Vater mit ihm gespielt oder sich anderweitig mit ihm beschäftigt hat. War das nicht der Fall, fragen Sie ihn, ob es einen Opa gab oder eine andere männliche Bezugsperson, die das getan hat. Sollte auch das nicht der Fall sein, beobachten Sie ihn, wenn Sie bei Menschen mit kleinen Kindern zu Besuch sind.

Kann er mit denen so gar nichts anfangen?

Dann handeln Sie auf eigene Gefahr, wenn Sie mit ihm eine Familie planen. Natürlich können Sie sich trotzdem dafür entscheiden. Ich sage nicht einmal, dass das auf keinen Fall klappen kann. Ich sage nur, dass Sie sich nicht wundern sollten, wenn es schiefgeht.

Und der Tipp für die männlichen Leser: Falls Sie wissen wollen, ob die Wahrscheinlichkeit, dass Sie ein guter Vater sein werden, eher groß oder eher gering ist, stellen Sie sich ebenfalls die oben erwähnten Fragen.

Kommen Sie ehrlicherweise zu dem Schluss, dass Sie nicht nur als Kind viel lieber gespielt haben, als sich Ihren Hausaufgaben zu widmen, sondern dass sich daran bis heute nicht viel geändert hat, sollten Sie sich – möglichst bevor Sie eines Tages aufwachen und verheiratet und Vater zweier Kinder sind – überlegen, ob das Vatersein wirklich das Richtige für Sie ist. Oder ob Sie sich auf Dauer nicht wohler fühlen, wenn Sie Ihren Feierabend auch weiterhin störungsfrei gestalten können.

Sollte das für Sie allzu schicksalsergeben und vielleicht etwas deprimierend klingen – ich empfinde das ebenso. Noch deprimierender finde ich es allerdings, wenn Menschen Kinder bekommen, ohne sich vorher zu überlegen, ob sie überhaupt bereit sind, wirklich für sie da zu sein. Ich meine damit nicht, sich für die Kinder aufzuopfern, absolut nicht. Das verursacht bei Kindern irgendwann nur Schuldgefühle.

Sollte ein Mann für sich feststellen, dass er den Bedürfnissen seiner Kinder nicht wirklich gerecht werden kann, so handelt es sich dabei meistens nicht um etwas Unveränderbares. Ich habe schon Männer erlebt, die gestanden haben, dass sie ihr Kind hassen und dass sie auch schon immer Kinder verabscheut haben. In diesem Fall kann man zunächst nur mit ihnen gemeinsam daran arbeiten, dass sie sich von ihren Kindern möglichst fernhalten, und zwar am besten so lange, bis die imstande sind, sich notfalls gegen ihren Vater zu wehren. Natürlich sollte man gleichzeitig mit ihnen im Rahmen einer Therapie schauen, was in ihrem Leben so verdammt schiefgelaufen ist, dass sie eine Spezies hassen, der sie selbst einmal angehört haben.

Aber diese extremen Fälle meine ich nicht, ich rede hier von den Männern, die grundsätzlich nichts gegen Kinder haben, denen es allerdings nicht gelingt, aus der Rolle eines großen Bruders herauszukommen, der meint, es sei die Aufgabe der Mama, sich um die Kleinen zu kümmern, und nicht seine. Können sie das als Problem erkennen und Hilfe suchen, ist da durchaus etwas zu ändern. Oft gelingt das über den Umweg des Perspektivwechsels, nämlich zu verstehen, was sie selbst sich von ihrem Vater gewünscht hätten und wie es sich anfühlte, von ihm mit diesen Wünschen frustriert zu werden.

Leider kommen meist nur die verzweifelten Ehefrauen zu mir in Behandlung.

Wir müssen pausenlos Entscheidungen treffen, egal, ob es darum geht, ob wir lieber spielen oder lieber eine Prüfung erfolgreich bestehen wollen, oder darum, ob wir uns vorstellen können, für Kinder da zu sein oder nicht.

Kleine Entscheidungen sind immer dann zu treffen, wenn eine automatisierte Tätigkeit beendet ist und eine neue beginnt. *Gehe ich nach dem Aufstehen erst aufs Klo und schalte dann den Kaffeeautomaten ein oder mache ich es umgekehrt?*

Bei größeren Entscheidungen galt lange als das Mittel der Wahl, die Pros und Contras einer Entscheidung nebeneinander aufzulisten und sich dann für die Antwort zu entscheiden, die mehr Punkte aufzuweisen hatte. Eine verbesserte Variante mit vier Feldern berücksichtigt darüber hinaus noch die kurz- und die längerfristigen Folgen der jeweiligen Entscheidung.

Schon die Frage *Mit den Kindern spielen oder lieber Monster killen?* zeigt deutlich die Grenzen zumindest der schlichten Pro- und Contra-Methode. Wahrscheinlich würde auf der Seite *Monster killen* lediglich stehen: *Macht Spaß*, und auf der anderen Seite all die tausend Gründe, warum es eine gute Idee ist, sich mit den Kindern zu befassen, bis hin zu: *Es gibt sonst nachher keinen Sex mit der Frau.* Dennoch würde es dem Mann nach wie vor schwerfallen, den Abend mit den kleinen Monstern zu verbringen statt mit denen, die große Hauer haben und mit grünen Warzen übersät sind.

Die Psychologen, die sich mit dem Thema Entscheidungsfindung befassen, haben einen neuen Vorschlag, der es leichter machen soll, die großen und die kleinen Entscheidungen des Lebens zu treffen. Es geht dabei um nichts Geringeres, als sich die folgenden Fragen zu stellen:

Wer bin ich? Was sind meine Ziele im Leben?

WENN Sie vor einer Weggabelung stehen, fällt es Ihnen erheblich leichter, die richtige Entscheidung zu treffen, wenn Sie wissen, wer Sie sind und was Sie wollen.

Ich habe gefrühstückt, setze ich mich jetzt an meine Prüfungsvorbereitungen oder daddel ich?

Was passt eher zu dem Bild, das Sie von sich haben? Was sind Ihre Ziele?

Übrigens: Wollen Sie wissen, was für Psychotherapeuten eines der gefürchtetsten Boss-Monster ist, mit dem wir uns in der Praxis immer wieder herumschlagen müssen? Es ist das sogenannte *Vermeidungsverhalten.*

Es bezeichnet alles, was man eigentlich tun sollte, aus Angst aber vermeidet. Es gibt Frauen, die seit über zehn Jahren nicht mehr beim Frauenarzt waren, aus Angst, »es könnte ja was sein«, wohl wissend, dass sie die Wahrscheinlichkeit dafür eben dadurch erst erhöhen. Denn gerade im Bereich von Brust- und Gebärmutterhalskrebs sind die Chancen auf vollständige Heilung bei rechtzeitiger Entdeckung so hoch wie nur bei wenigen anderen Krebsarten. Man muss sich also lediglich beim ersten Gang nach langer Zeit von der abergläubischen (und kindlichen) Furcht freimachen, das Schicksal werde einen garantiert mit einer schrecklichen Diagnose bestrafen.

Es gibt Menschen, die kaum noch wagen, den Mund aufzumachen, weil sie seit Jahrzehnten nicht mehr beim Zahnarzt waren.

Ganz zu schweigen von denjenigen, die aus Angst vor schlechten Nachrichten grundsätzlich ihre Post nicht öffnen, selbst wenn das tatsächlich irgendwann dazu führt, dass die Angst sich bestätigt und ein Brief im Kasten liegt, auf dem »Amtsgericht« als Absender steht.

Alle diese Beispiele zeigen, dass Vermeidungsverhalten meistens zu nichts Gutem führt. Auch wenn der Nutzen mancher Vorsorgeuntersuchungen inzwischen infrage gestellt wird: Informieren Sie sich zumindest darüber, welche angeraten sind, wenn Sie Ihre Lebenserwartung erhöhen wollen. Lassen Sie – zumindest in diesem Fall – Fakten Ihre Entscheidung bestimmen. Und nicht Ihre Angst.

Selbst wenn es Ihnen gelänge, die Tatsache der Existenz von Ärzten oder Briefen vollständig zu verdrängen, würden Sie dafür zahlen.

Nach Sigmund Freud ist Verdrängung zwar etwas, das zu uns allen gehört und bis zu einem gewissen Grad sogar durchaus gesund ist. Aber er ging gleichzeitig davon aus, dass das Verdrängen zu den psychischen Prozessen gehört, die am meisten Energie kosten. Nachzuvollziehen ist das leicht, wenn man sich das Ganze in Form der Felsbrocken vorstellt, die einem von der Seele purzeln, wenn man es geschafft hat, ein hartnäckiges Vermeidungsverhalten endlich einmal zu überwinden. Die Felsen haben vorher die ganze Zeit da gelegen!

Wenn man nicht regelmäßig zum Briefkasten geht und zumindest die Vorsorgeuntersuchungen in Anspruch nimmt, die unstrittig nützlich sind, verhindert man, dass gute Erfahrungen in Form von »Alles in Ordnung!« sich in den inneren Archiven anhäufen und die Ängste in Schach halten können. Außerdem ist es wichtig, frühere schlechte Erfahrungen zu »überschreiben«. Fast jeder, der mir erzählt, dass er Angst vorm Zahnarzt hat, kann von schlimmen Erfahrungen berichten, die er als Kind mit einem Zahnarzt gemacht hat, den man nie auf Kinder hätte loslassen dürfen.

WENN Sie Empfehlungen von Freunden nicht trauen, suchen Sie im Internet nach einem Zahnarzt in Ihrer Nähe, der auf Angstpatienten spezialisiert ist.

Wo wir gerade bei Ängsten sind:

FALLS Sie unter Flugangst leiden, kann ich Ihnen nur empfehlen, einmal einen Termin in einem Flugsimulator zu buchen oder ihn sich zum nächsten Geburtstag schenken zu lassen.

Wenn Ihnen auch diese Vorstellung zunächst zu viel Angst bereitet, schenken Sie Ihrem Partner ein Flugsimulator-Training und begleiten Sie ihn als Zuschauer.

Ich selbst habe meinem Mann (der nicht unter Flugangst leidet, sondern sich einfach nur für Fliegerei interessiert) einmal ein solches Erlebnis geschenkt und hatte die Gelegenheit, dabei zuzusehen. Ich erfuhr, dass der Betreiber das Angebot auch speziell für Menschen mit Flugangst macht. Ich kann mir sehr gut vorstellen, dass das funktioniert, denn, wie bereits erwähnt, Information ist angstreduzierend.

In Filmen haben Sie sicher schon öfter das Cockpit einer großen Verkehrsmaschine gesehen und können sich nicht vorstellen, dass irgendjemand je begreifen wird, was die Unmenge von Knöpfen im Einzelnen bedeuten. Wie ein Kind sind Sie in der Situation, dass Ihr Leben in der Hand eines Menschen liegt, der Dinge tut, die Sie nicht verstehen.

Von diesem Kindergefühl können Sie sich befreien, wenn Sie selbst schon einmal im Pilotensitz gesessen und eine Maschine gestartet und gelandet und festgestellt haben: Wenn selbst *ich* innerhalb kürzester Zeit kapiere, wie das funktioniert, kann das ja wohl kein Hexenwerk sein.

Es genügt übrigens nicht, das Ganze auf Ihrem PC durchzuspielen. Es sollte schon der Nachbau eines richtigen Cockpits sein, damit Ihr Unbewusstes wirklich glauben kann, dass die da vorne tatsächlich in diesem Augenblick nur das tun, was Sie auch tun könnten.

Kommen wir zu einem anderen Thema, das ebenfalls damit zusammenhängt, Verantwortung für sich selbst zu übernehmen.

Sie sind schon vor Jahren (oder Jahrzehnten) aus Ihrem Elternhaus ausgezogen, haben einen Beruf, leben vielleicht in einer Partnerschaft oder haben sogar schon eine eigene Familie gegründet. Aber in einer Situation werden Sie regelmäßig wieder zum Kind.

Nämlich dann, wenn Sie Ihren Eltern gegenüberstehen.

Das ewige Kind

Eines Morgens bin ich mit der Erkenntnis aufgewacht, dass praktisch alle meine Patienten eines gemeinsam haben: Sie haben unreife Eltern. Mittlerweile bin ich der Überzeugung, dass es genau das ist, was Menschen dazu bringt, irgendwann Symptome zu entwickeln und eine Psychotherapie in Anspruch zu nehmen. Früher oder später scheitern sie an Aufgaben im Leben, die sie deshalb nicht bewältigen können, weil ihre Eltern ihnen nicht die dafür notwendige Ausrüstung mit auf den Weg geben konnten. Weil sie selbst die Ausrüstung nicht besaßen, die sie wiederum von *ihren* Eltern nicht bekommen hatten. Und so weiter und so fort.

Das verdeutlicht auch einen sehr wichtigen Nebeneffekt von Psychotherapie. Uralte Familienmuster können bewusst gemacht und ihre Weitergabe an noch eine weitere Generation endlich verhindert werden. Wie weit solche Muster oftmals zurückreichen, habe ich einmal mit einer Patientin gemeinsam ergründen können. Wir fanden heraus, dass die nahezu komplette Weigerung, die Vaterrolle auszufüllen, in der Familie ihres Mannes bereits seit mindestens fünf Generationen existierte.

Einer der ganz wichtigen Punkte in der Psychotherapie ist es, zu begreifen, was von den Eltern – wenn sie überhaupt noch leben – zu erwarten ist und was nicht. Ich habe immer wieder Patienten, denen es schwerfällt zu akzeptieren, dass sie inzwischen erheblich reifer und erwachsener sind als ihre Eltern. Eigentlich ist das sogar der Normalfall in der Therapie. Es ist auch der Normalfall, dass man nicht die am schwersten gestörten Menschen einer Familie in Behandlung hat, sondern ihre Partner. Oder eben ihre Kinder. Das heißt nicht, dass die Falschen bei uns sitzen, denn unbedingte Voraussetzung für eine Psychotherapie ist die Krankheitseinsicht und der Veränderungswille, den Partner oder Eltern nicht besitzen oder nicht besaßen. Wichtig ist nur, dass jemand gekommen ist, der versteht, wie wichtig es ist, ein Muster zu unterbrechen, das möglicherweise in seiner Familie seit Langem weitergegeben wurde.

Viele Menschen können sich nur schwer von der Vorstellung verabschieden, ihre Eltern würden es doch noch auf die Reihe kriegen, *richtige* Eltern zu werden. Sie möchten gern nur ein einziges Mal ein Lob von ihnen hören oder zumindest nicht bei jeder Begegnung dumme Sprüche über sich ergehen lassen.

Nein, die Eltern werden es nicht mehr lernen; über diesem Wunsch kann man selbst alt und grau werden. Viele meiner älteren Patienten leiden noch immer unter verständnislosen Eltern, und ihre Enttäuschung geht über deren Tod hinaus. Es gibt Menschen, die hoffen, wenigstens im Nachlass der Eltern irgendetwas zu finden, das beweist, dass sie geliebt worden sind.

Auch bei den Erwachsenen, die ihr Leben schon seit geraumer Zeit selbstbestimmt mehr oder weniger gut auf die Reihe kriegen, gibt es mitunter Situationen, die sie direkt in die unangenehmsten Zeiten ihrer Kindheit und Jugend zurückkatapultieren. Häufig geschieht das, wenn die Eltern zu Besuch kommen. Dann können ein Satz wie »Hier könnte aber auch mal wieder Staub gewischt werden!« oder hochgezogene Augenbrauen an der falschen Stelle schon ausreichen, um das Gefühl auszulösen: *Die behandeln mich immer noch wie ein kleines Kind.*

Wenn man sich die Sache genauer anschaut, kann man darüber hinaus meist auch noch konstatieren: *Und ich benehme mich dann auch wie eins.*

Wie also können Sie sich von diesen eingefahrenen Verhaltensweisen befreien?

Wenn Ihre Eltern noch am Leben und nicht dement sind, ist Hopfen und Malz noch nicht ganz verloren.

Sie müssen sich aus Ihrer kindlichen Haltung lösen, die darin besteht, Ihre Eltern die Beziehung bestimmen zu lassen. Die können nicht mehr aus ihrer Haut. Wenn sich etwas ändern soll, müssen die Anstöße von Ihnen kommen. Ein Risiko gehen Sie damit nicht ein. Ich kann mich an keine Therapie erinnern, in der die Beziehung zu den Eltern dadurch schlechter geworden wäre, dass die Kinder noch einmal auf ganz neue Art versucht hatten, Nähe herzustellen.

Beschäftigen Sie sich mit der Lebensgeschichte Ihrer Eltern – vor allem mit der prägenden Kindheit – und machen Sie sich bewusst, dass Sie Mitspieler in einem Stück sind, das geschrieben wurde, lange bevor Sie auf die Welt kamen. Alle Eltern, die besten wie die schrecklichsten, versuchen ihre Aufgabe so gut zu bewältigen, wie sie es vermögen. Was nichts daran ändert, dass manche für diese Aufgabe die besten, andere die denkbar ungünstigsten Voraussetzungen mitbringen. Kinder kommen mit unterschiedlichem Temperament auf die Welt, sind schüchtern und ängstlich oder unerschrocken und kaum zu bändigen. Für manche Eltern ist das überhaupt kein Problem, für andere eins, das nicht zu bewältigen ist. Mit Ihnen hat das, was früher geschehen ist, und was auch heute noch geschieht, wenn Sie Ihre Eltern treffen, eher wenig zu tun.

Nicht mit allen Eltern ist es möglich, noch einmal einen neuen Weg zu finden. Zu diesen extrem schwierigen Eltern komme ich später. Zunächst zu denen – und das sind die meisten –, bei denen der Versuch sich lohnt.

Ich bin der festen Überzeugung, dass vielen Eltern etwas mulmig zumute ist im Umgang mit ihren erwachsenen Kindern. Weil sie den unausgesprochenen Vorwurf spüren, dass sie etwas nicht richtig machen oder gemacht haben. Aufgrund ihrer Unreife sind sie aber nicht imstande, etwas zu ändern. Viele Eltern sind ausgesprochen dankbar, wenn ihre Kinder ihnen zeigen, wie sie es gern hätten.

Was dabei hilft, ist die Tatsache, dass, von wenigen Ausnahmen abgesehen, den Eltern die gute Beziehung zu den erwachsenen Kindern wichtiger ist als umgekehrt. Das ist auch okay so. Kinder sollen irgendwann in die Welt hinausgehen und Abenteuer erleben. Die Zeit, in der sie sich um die Eltern kümmern müssen, kommt früh genug.

Wenn Sie beispielsweise finden, dass es bei Ihren Schwiegereltern viel herzlicher zugeht als in Ihrer Familie, tun Sie etwas dafür, um eine solche Stimmung zu schaffen. Bleiben

Sie nicht das Kind, das darüber mault, dass andere Eltern netter oder cooler sind als die eigenen. Wenn man sich in Ihrer Familie nicht umarmt, machen Sie den ersten Schritt und probieren Sie aus, was geschieht, wenn Sie Ihre Eltern einfach mal in den Arm nehmen.

Eine meiner Patientinnen, die ansonsten ein durchaus gutes Verhältnis zu ihrer Mutter hatte, konnte sich beispielsweise nicht daran erinnern, je auf ihrem Schoß gesessen und mit ihr gekuschelt zu haben. Am achtzigsten Geburtstag der Mutter wagte sie es erstmals, sie zu umarmen. In der darauffolgenden Therapiestunde berichtete sie mit leuchtenden Augen davon und fügte hinzu: »Ich glaube, es hat ihr gefallen.«

Häufig reagieren Eltern, die selbst nie jemanden umarmt haben, erstaunlich positiv darauf, wenn ihre erwachsenen Kinder damit anfangen. Sie kommen nur einfach nicht von sich aus auf die Idee. Weil sie es selbst daheim nicht gelernt haben.

Hier ein anderes Beispiel dafür, wie Sie versuchen können, einen verkrusteten Verhaltensablauf zwischen sich und Ihren Eltern aufzubrechen und ihm eine neue Richtung zu geben.

Stellen wir uns vor, Sie sind befördert worden oder haben eine wichtige Prüfung bestanden. Sie besuchen Ihre Eltern und teilen ihnen das voller Stolz mit. Von Ihrem Vater kommt lediglich ein Brummen, ein dummer Spruch oder etwas, das Sie eher runterzieht.

Wenn Sie jetzt nach Hause fahren und Ihre Wut nähren, ist niemandem damit gedient, Ihnen selbst am wenigsten.

Versuchen Sie zu begreifen, dass Ihr Vater es nicht besser kann. Wie war sein Verhältnis zu seinem Vater? Hatte er überhaupt einen, oder war der im Krieg gefallen oder lange in Gefangenschaft und konnte ihm deshalb nie zeigen, wie eine gute Beziehung zwischen Vater und Sohn oder Tochter aussehen kann?

Helfen Sie ihm. Sehen Sie nicht den Elternteil von früher in ihm, der Sie immer wieder enttäuscht hat, sondern schauen Sie genauer hin.

BETRACHTEN Sie Ihre Eltern doch einmal, wie einer Ihrer Freunde sie vielleicht sehen würde. Nehmen Sie sie mit ihren Defiziten wahr und behandeln Sie sie wie jemanden, der Ihre Hilfe braucht, um einen besseren Kontakt herzustellen.

Sie kennen Ihren Vater, also wissen Sie, welche Bemerkung ihn im Fall des ausstehenden Lobes erreicht. Ob es ein leicht ermahnendes »So, jetzt könntest du mich aber mal loben!« ist, ein einfaches »Ist das nicht schön?«, oder ob Sie sagen: »Jaja, ich weiß, mit dem Loben hast du es nicht so, aber das üben wir jetzt mal. Auf, los!«

Gut ist, wenn Sie ihn dabei berühren, das verstärkt die Wirkung noch, vor allem, wenn das sonst zwischen Ihnen beiden nicht so üblich ist.

Ich bin sowieso sehr dafür, Eltern anzufassen. Auch Ihre Eltern waren einmal klein. Die meisten Kinder schmusen gern. Nur weil Ihre Eltern damit sehr zurückhaltend sind, heißt das nicht, dass in ihnen nicht ein Teil existiert, der das recht angenehm findet. Gerade viele Männer leiden lieber ewig und drei Tage daran, dass der Vater kein Lob für sie übrig hat, statt ihm einmal kumpelhaft den Arm um die Schultern zu legen und zu sagen: »Komm, jetzt sag mal was Nettes. So schwer ist das auch wieder nicht.«

Es kommt Ihnen komisch vor, Ihren Vater zu behandeln, als sei er das Kind und Sie der Erwachsene, der ihm etwas beibringt? Auf der psychischen Ebene ist es aber oft tatsächlich so. Rollen verändern sich im Laufe des Lebens. Wenn Sie über fünfundzwanzig sind, gibt es keinen Grund mehr, davon auszugehen, dass Ihre Eltern göttergleiche Wesen sind und somit dafür verantwortlich, Sie mit allem zu versorgen, was Sie für Ihr physisches und psychisches Wohlbefinden brauchen. Irgendwann, in hoffentlich ferner Zukunft, vielleicht aber auch schon demnächst, werden Sie derjenige sein, der dafür zuständig ist, die Eltern vor allzu schweren Fehlern zu bewahren. Wahrscheinlich stehen Sie jetzt altersmäßig irgendwo zwischen Betreutem und Betreuendem. Zeit, sich als Erwachsene auf Augenhöhe zu begegnen.

Viele Eltern, die spüren, dass etwas zwischen ihnen und ihren erwachsenen Kindern nicht in Ordnung ist, versuchen im Sinne des *mehr desselben* immer wieder das, was vielleicht vor vielen Jahren einmal angebracht war, vielleicht aber auch noch nie funktioniert hat.

In seinem berühmten Buch *Anleitung zum Unglücklichsein* beschreibt der Psychologe Paul Watzlawick einen weitverbreiteten Denkfehler, den er *mehr desselben* nennt. Er bezeichnet ihn als »eines der erfolgreichsten und wirkungsvollsten Katastrophenrezepte«. Im Prinzip bedeutet *mehr desselben*:

Etwas funktioniert nicht, also versuche ich es auf die gleiche Weise wie zuvor zum Funktionieren zu bringen, ich erhöhe nur die Dosis. Anstatt festzustellen, dass ich vielleicht grundsätzlich falschliege und demzufolge die Perspektive wechseln sollte.

Familientherapeuten haben ständig damit zu tun. Der Sohn will nichts für die Schule tun und wird dafür bestraft. Er wird immer schlechter, also wird er härter bestraft. Und so weiter. Hier wird gar nicht erst der Versuch unternommen, herauszufinden, woran es liegen könnte. Möglicherweise müsste man dann feststellen, dass der Junge mit dem Gymnasium überfordert ist, auch wenn man es nie wahrhaben wollte.

WENN etwas im Umgang mit anderen Sie schwer belastet oder Ihnen sogar ausweglos erscheint, überlegen Sie doch einmal, ob Sie nicht auch in einer Mehr-desselben-Spirale gefangen sind. Vielleicht haben Sie ebenfalls immer wieder auf die gleiche Weise versucht, das Problem zu lösen.

Übrigens: An dem Thema Waffen in den USA zeigt sich das Problem des *mehr desselben* sehr gut. In keinem anderen Land befinden sich prozentual mehr Waffen in den Händen von Privatpersonen; es gibt tatsächlich mehr Waffen als Einwohner.

Menschen bewaffnen sich aus einem Gefühl der Bedrohung heraus. Auch in Deutschland ist während der sogenannten Flüchtlingskrise die Zahl der Waffenkäufe sprunghaft angestiegen.

Menschen haben Angst vor Kriminalität, ob berechtigt oder nicht, also bewaffnen sie sich.

Nun entsteht Kriminalität allerdings vor allem dann, wenn viele Waffen zugänglich sind. So ist die Wahrscheinlichkeit, erschossen zu werden, für einen Amerikaner fünfzehn Mal so hoch wie für einen Deutschen.

Hier zeigt sich das Phänomen der gefühlten Realität sehr deutlich. Die Gefahr in einer Gesellschaft mit vielen Waffen wächst für den Einzelnen statistisch gesehen deutlich.

Dabei rede ich noch nicht einmal von den Fällen, in denen kleine Kinder ihre eigenen Eltern erschossen haben. Nicht, weil sie sie hassten, sondern weil sie mit einer herumliegenden Waffe gespielt haben. Man muss kein Psychologe sein, um sich vorstellen zu können, was es für ein Kind bedeutet, für den Rest seines Lebens mit dem Wissen herumzulaufen, die eigene Mutter, den eigenen Vater, ein Geschwister oder einen Spielkameraden getötet zu haben.

Wann immer in den USA eine Situation mit Waffen eskaliert, gibt es die, die imstande sind, die Perspektive zu wechseln und zu sagen: »Es muss sich etwas ändern.« Das kann es nur, wenn wir Waffenbesitz hier endlich begrenzen.

Wenn es um hochemotionale Themen geht, sind Menschen Vernunftgründen allerdings leider oft nicht zugänglich. Es macht sie nicht einmal nachdenklich, dass Waffenbesitzer nachweislich häufiger erschossen werden als die, die über keine Waffe verfügen. So haben in diesen Situationen bisher stets die gewonnen, die dem Prinzip des *mehr desselben* das Wort reden und der Meinung sind, das Problem könne nur durch noch mehr Waffen bekämpft werden, und Schulamokläufen könnte man am wirksamsten begegnen, indem man schon Kindern gestatte, Waffen zu tragen.

Natürlich ist das einfach nur dumm. Je mehr Waffen es gibt, desto größer ist die Gefahr, dass sie in die Hände von Menschen mit mangelnder Impulskontrolle geraten. In einigen amerikanischen Bundesstaaten besitzen 5 Prozent der Erwachsenen mindestens eine Waffe, in anderen sind es über 60 Prozent. Erwiesenermaßen finden die meisten Amokläufe in den Bundesstaaten statt, in denen es die meisten Waffen gibt. Außerdem ist dort die Selbstmordrate höher.

Wann immer wir von Massenschießereien hören und nach einigen Tagen etwas mehr über den Täter erfahren, handelt es sich um jemanden, der sein Leben nicht auf die Reihe gekriegt und seinen Hass auf alles und jeden oder zumindest auf eine bestimmte Gruppe genährt hat. Was geschieht, wenn jemand, der nicht rechtzeitig Hilfe erhalten hat, um aus dieser sich immer weiter verengenden Weltsicht herauszukommen, leichten Zugang zu Waffen hat, erfahren wir jeden Tag in den Nachrichten.

Aber zurück zum Thema Elternerziehung.

Rechnen Sie nicht damit, dass Ihre Eltern sich wunderbarerweise verwandeln, nur weil Sie jetzt anders mit ihnen umgehen. Es geht darum, nicht mehr in der alten Endlosschleife gefangen zu sein. Vielleicht merken Ihre Eltern nicht einmal, dass Sie sich plötzlich anders verhalten. Aber Sie können dafür sorgen, dass es einfacher wird zwischen Ihnen und dass Sie nicht auf jeder Heimfahrt von den Eltern Frust schieben.

Beschränken Sie sich aber auf alle Fälle darauf, für sich selbst zu sorgen und dafür, dass sich Ihr Umgang miteinander verändern kann, hin zu einem erwachseneren Miteinander. Verfallen Sie nicht in den Fehler, sich in das Leben Ihrer Eltern einmischen zu wollen. Sie ahnen nicht, wie oft ich es mit Menschen zu tun habe, die ihre Eltern damit quälen, dass sie pausenlos an ihnen herumerziehen.

Zwar hat Ihr Vater noch nie gern Gemüse gegessen, aber nun werden ihm plötzlich Vorträge über gesunde Ernährung gehalten, und Ihre Mutter bekommt einschlägige Kochbücher geschenkt. Sie wollen doch nur sein Bestes. Jedenfalls nicht, dass er einen Herzinfarkt erleidet, weil er konsequent jedem Vitamin aus dem Weg geht und nur das isst, wo Cholesterin draufsteht.

Um Ihre Mutter muss man sich auch Sorgen machen, die keine Ahnung hat, was das Wort Selbstverwirklichung bedeutet und deshalb bestimmt irgendwann depressiv wird. Ihr Vater hat wenigstens ein Arbeitszimmer, aber Ihre Mutter hat nicht einmal ein winziges Plätzchen nur für sich im ganzen Haus. Das werden Sie doch wenigstens mal problematisieren dürfen! Außerdem kommt sie ja auch so gar nicht raus. Spätestens das ist der Moment, in dem Sie mit ihr über Volkshochschulkurse sprechen.

Ihre Mutter weiß, dass es so etwas wie gesunde Ernährung gibt. Sie weiß, dass es die VHS gibt. Wenn sie sich mit beidem nicht beschäftigt, hat sie wohl einfach keine Lust dazu.

WAS *du nicht willst, das man dir tu …*

Sobald Sie nicht mehr von Ihren Eltern erzogen werden wollen, hören Sie bitte ebenfalls auf, Ihre Eltern zu erziehen.

Zumindest, was deren höchsteigene Angelegenheiten betrifft, die nichts mit Ihnen zu tun haben. Stellen Sie sich vor, Sie werden langsam alt, und Ihre Kinder wollen Sie dazu bringen, sich der dann herrschenden Mode entsprechend zu ernähren, und fangen jedes Mal Streit an, wenn Sie etwas essen, das heute noch als das Nonplusultra gesunder Ernährung gilt!

IM Umgang mit Ihren Eltern sollten Sie sich auf die Dinge besinnen, die Sie schon immer gern miteinander geteilt haben.

Wenn es gute Erinnerungen an Zeiten gibt, die Sie mit dem Vater auf dem Fußballplatz verbracht haben, sollten Sie sich mal wieder ein Spiel zusammen ansehen und darüber fachsimpeln, statt Ihrem Vater Gemüse schmackhaft machen zu wollen, das er seit sechzig Jahren nicht angerührt hat.

Wenn es mit Ihrer Mutter immer am schönsten war, in der Küche miteinander zu werkeln, sollten Sie sich vielleicht zum Plätzchenbacken treffen und alte Rezepte austauschen, statt ihr einreden zu wollen, sie müsse dringend einen Kochkurs zum Thema »Gesunde Ernährung« an der VHS machen, um mal unter Leute zu kommen.

Sie meinen, ich kenne Ihre Eltern nicht? Mit denen würde all das nie im Leben klappen, weil es einfach nicht möglich ist, mit jemandem ein entspannteres Verhältnis herzustellen, der grundsätzlich abwertend und verletzend ist?

Stimmt, nicht mit allen Eltern ist es möglich, neue Formen des Miteinanders zu finden. Bei vielen sind die Schäden, die sie selbst früh erlitten haben, so gravierend, dass es ihnen nicht gelingt, mit ihren Kindern in Frieden zu leben, oder überhaupt mit irgendjemandem. Zu einer noch relativ harmlosen Variante gehören beispielsweise Eltern, die so leicht kränkbar sind, dass alles, was sie für Kritik halten, zum Kontaktabbruch führen kann.

So erzählte eine Patientin einmal, dass sie ihren Eltern auf die Frage: »Und, was macht die Arbeit?«, geantwortet habe, sie müsse häufig Überstunden machen. Ihr Vater habe daraufhin gemeint, sie müsse halt einfach mal auf den Tisch hauen.

Die Patientin fand, dass dieser Rat nicht einer gewissen Ironie entbehrte.

»Ich konnte mich in diesem Moment nicht beherrschen und hab ihm gesagt, dass ich das bei ihnen nie hab lernen können«, erzählte sie. »Die haben ja nie ein Nein geduldet. Daraufhin hat er gesagt, wenn ich meine, dass sie so schlechte Eltern waren, bräuchte ich gar nicht mehr wiederzukommen.«

Sicher hat der Vater auch in dieser Situation nicht gemerkt, dass er genau das wiederholt hat, was er ein Leben lang getan hat, nämlich keinen Widerspruch zu dulden, und dass genau das bei seiner Tochter zu dem Verhalten geführt hat, das er nun an ihr kritisiert.

Neben den uneinsichtigen gibt es allerdings auch die Gruppe der ausgesprochen giftigen Eltern. Ich nenne sie so, weil oft allein der Kontakt mit ihnen für ihre Kinder extrem schädlich ist.

Wir wissen: Die Dosis macht das Gift, und auch in Gegenden mit erhöhter Strahlung ist es mitunter möglich, sich zumindest für eine gewisse Zeit aufzuhalten, bevor Schädigungen eintreten. Von den Patienten, die den Kontakt zu solchen Eltern nicht abgebrochen haben, haben viele für sich selbst herausfinden können, wie lange der Kontakt zu den Eltern dauern durfte, bevor er allzu schädigend wurde. Jeder Mensch kann ziemlich genau benennen, wie viel Zeit er mit seinen Eltern verbringen kann, bevor es anfängt, schwierig zu werden. Mancher Erwachsene kann mit ihnen wochenlang in Urlaub fahren und entspannt wieder nach Hause kommen, ohne dass es Streit gegeben hat.

Bei einigen Patienten reichte allerdings schon ein einziger Tag und eine einzige Nacht, um in eine psychische Krise zurückzurutschen, aus der sie sich gerade mühsam befreit hatten. Sie lernten, einen Kompromiss zu finden zwischen den Klagen der Eltern, man komme ja gar nicht mehr nach Hause, und wenn, dann viel zu kurz, und dem eigenen Schutz. Sie stellten fest, dass es am besten war, sich lediglich auf einen Nachmittag zu Kaffee und Kuchen anzumelden.

Wichtig ist auch hier wieder, sich bewusst zu machen: *Ich muss den Kontakt gestalten.*

Giftige Eltern können das nicht, denn sie sind zu unreif. Ihre Kinder sind mittlerweile erheblich erwachsener als sie, und damit das Ganze nicht wieder aus dem Ruder läuft, müssen sie konsequent die Rahmenbedingungen vorgeben, anstatt sich jemandem auszuliefern, der schon früher unfähig war, eine freundliche und liebevolle Atmosphäre zu schaffen, und der leider auch nichts dazugelernt hat.

Falls Sie jetzt Mitgefühl mit den Eltern haben, vielleicht weil Sie Menschen kennen, die darunter leiden, dass ihre Kinder den Kontakt zu ihnen abgebrochen haben: Ich rede von denen, die sich sexuellen oder anderen Missbrauchs, schwerer körperlicher Misshandlung oder Vernachlässigung oder zumindest ständiger und dauerhafter Abwertung schuldig gemacht haben.

Vom Vater beispielsweise, der sein Geld als Dealer verdient, der seine Tochter früh von Rauschgift abhängig machte und als Drogenkurier missbrauchte. Der, als es ihr gelungen war, sich sowohl von ihm als auch vom Stoff zu lösen, nicht aufhörte, ihr Tütchen mit Kokain hinter den Scheibenwischer ihres Autos zu klemmen.

Oder von der Mutter, für die es in Ordnung war, dass der Vater die Tochter sexuell missbrauchte. Zumindest solange sie noch zu klein war, um schwanger zu werden. Die, als die erwachsene Tochter sie deshalb zur Rede stellte, meinte: »Du bist halt schon immer eine kleine Hure gewesen.«

Bei solchen und ähnlichen Eltern, die, selbst früh gestört, nur eine haltlose Bindung anbieten konnten, habe ich oft einsehen müssen, dass es für die Patienten die richtige Entscheidung war, den Kontakt komplett abzubrechen, eben weil die Gegenwart ihrer Eltern so vergiftend wirkte. Ich habe immer wieder erlebt, dass Patienten nach einem Besuch bei den Eltern in einem extrem schlechten Zustand zurückkamen, dass alle Therapiefortschritte scheinbar auf null zurückgedreht waren und sie möglicherweise sogar suizidal waren. Mitunter entschieden sie sich für einen Kontaktabbruch noch über den Tod eines Elternteils oder beider Eltern hinaus, was heißt, dass sie nicht einmal an der Beerdigung des Betreffenden teilnahmen, um dort nicht auf Geschwister oder

Verwandtschaft zu treffen, die oft auch nicht anders drauf waren als die Eltern. Einige von ihnen gingen einige Tage später allein für sich ans Grab, um auf ihre Weise Abschied zu nehmen. Sie lebten damit besser und symptomfreier.

Kommen wir zum Schluss zu der Fähigkeit (oder Unfähigkeit), Verantwortung nicht nur für sich selbst, sondern auch für andere zu übernehmen.

Von der Apfeltüte zu Kitty Genovese

Jeder, der Mitglied eines Forums für Tierbesitzer ist, hat folgenden Ablauf bestimmt schon ein Dutzend Mal und öfter erlebt.

Ein neues Mitglied kommt ins Forum gestürmt und stellt etwa folgendes Problem vor: *Bitte, ihr müsst mir unbedingt helfen. Meine Katze röchelt seit gestern so komisch. Was soll ich machen?*

Die Forumsmitglieder fragen übereinstimmend, wie könnte es auch anders sein, ob der Betreffende denn schon mit dem Tier beim Arzt gewesen sei.

Antwort: *Nein. Ich dachte, ihr wüsstet vielleicht, was das ist,* oder: *Ich habe kein Geld für den Tierarzt,* oder: *Ich habe kein Auto, der Tierarzt wohnt zu weit weg, und ein Taxi kann ich mir nicht leisten.*

Mit anderen Worten: Antworten, die jeden Katzenbesitzer auf der Stelle in den Wahnsinn treiben.

In der Folge werden die Reaktionen etwas schärfer, und der Forumsneuling wird dringend aufgefordert, das Tier, mit wessen Hilfe und Unterstützung auch immer, zum Tierarzt zu bringen.

Das geht dann noch eine Zeit lang hin und her, die Reaktionen der anderen Mitglieder nehmen an Schärfe zu, und statt mit Einsicht reagiert der Neuling gekränkt, verwünscht das gemeine Forum, das ihm keine Hilfe zuteilwerden lässt, und verlässt dieses wutschnaubend und für immer.

Diese Geschichte gibt es in unzähligen Varianten.

Unabhängig vom Thema ist der Ablauf stets der gleiche.

Jemand ist nicht imstande, sich ausreichend über ein Lebewesen zu informieren. Jetzt zeigen sich die Folgen, und dieser Jemand ist immer noch nicht bereit, die Verantwortung zu übernehmen.

Ich erwähnte ja bereits, dass ich immer wieder feststellen muss, dass praktisch alle meine Patienten eins gemeinsam haben: unreife Eltern.

Wie sich das äußern kann, zeigt sich an folgendem Beispiel, das ich gleich mehrfach von Patientinnen gehört habe.

Im Prinzip erzählten sie mir, sie hätten bei ihren inzwischen alten Eltern angerufen und dabei fast nebenbei erfahren, dass der Vater schwere körperliche Symptome gezeigt habe, starke Brustschmerzen oder auffallende sprachliche Ausfälle, oder er sei plötzlich bewusstlos geworden.

Natürlich erwarteten die Patientinnen, dass im nächsten Satz Begriffe wie »Notarzt« oder »Krankenhaus« vorkämen. Es stellte sich allerdings heraus, dass die Mutter schlicht und einfach *nichts* unternommen hatte.

Meine Patientinnen waren fassungslos und fragten nach. Die Antworten gingen alle entweder in die Richtung von: »Aber dein Vater wollte das nicht«, oder: »Ich wusste ja nicht, ob es nicht vielleicht blinder Alarm ist.«

Bevor Sie auf falsche Ideen kommen: Mit dem Wunsch, eine Lebensversicherung zu kassieren, hatte keine dieser Situationen etwas zu tun. Vielmehr damit, was passiert, wenn in einem Erwachsenenkörper noch immer eine Kinderseele steckt, die weder imstande ist, für sich selbst, noch für andere Verantwortung zu übernehmen und demzufolge völlig überfordert ist.

Manchmal war aber auch die Mutter krank, und der Vater saß hilflos daneben. Im Grunde genommen geschah jedoch immer das Gleiche:

Jemand saß neben seinem Ehepartner, dessen Zustand dringend medizinischer Abklärung bedurft hätte, und dachte sich entweder: *Wenn ich jetzt etwas tue, was er nicht will, dann schimpft er nachher mit mir*, oder: *Wenn ich jetzt die 112 anrufe und es fehlt ihm gar nichts, dann schimpfen die mit mir.*

Natürlich gibt es nicht den mindesten Grund, in einem solchen Fall nicht den Notarzt zu rufen. Tut man es nicht und der andere stirbt, kann das strafrechtliche Konsequenzen nach sich ziehen.

Das Tragische ist, dass sich in all diesen Fällen offenbar zwei gefunden haben, von denen keiner imstande ist, eine erwachsene, verantwortungsvolle Entscheidung zu treffen.

Kein Wunder, dass die erwachsenen Kinder solcher Eltern später eine Psychotherapie in Anspruch nehmen. Denn die Eltern waren außerstande, ihnen beizubringen, wie man mit schwierigeren Situationen im Leben zurechtkommt.

Wenn es manchen Menschen schon so schwerfällt, Verantwortung für den wichtigsten Menschen in ihrem Leben zu übernehmen – um wie viel schwerer ist es dann, wenn es um Fremde geht?

Ich habe zu diesem Thema einmal eine kurze Szene während einer Zugfahrt miterlebt. Ich sah gerade aus dem Fenster, als der Zug an einer geschlossenen Bahnschranke vorbeifuhr. Dahinter standen drei Frauen, eine alte, direkt daneben eine mittleren Alters und neben ihr eine junge.

Die alte Frau bückte sich gerade, um Äpfel aufzuheben, die offensichtlich aus einer gerissenen Papiertüte gefallen waren. Die beiden anderen Frauen standen starr daneben, und ich fragte mich, warum sie der alten Frau nicht halfen. Abgesehen davon, dass keine von ihnen etwas anderes zu tun hatte als darauf zu warten, dass die Schranke sich wieder hob, ist allgemein bekannt, dass es älteren Menschen schwerfällt, etwas vom Boden aufzuheben, weil die Gelenke das meist nur unter Protest mitmachen. Meine Erklärung für das Phänomen war, dass die mittelalte Frau wahrscheinlich dachte: *Soll doch die andere helfen, die ist schließlich jünger.* Die jüngere dachte wahrscheinlich: *Soll doch die andere helfen, die steht schließlich direkt daneben.*

Sozialpsychologen nennen das, was in einer solchen Situation oft geschieht, *Verantwortungsdiffusion.* Sie kennen wahrscheinlich den Begriff Diffusor als Bezeichnung für einen Sprühkopf, der die Aufgabe hat, eine Flüssigkeit möglichst gleichmäßig zu verteilen. Das Gleiche geschieht mit Verantwortung in Gruppen, in denen keine Hierarchie existiert. Sie verteilt sich so gleichmäßig, dass jeder sich einbilden kann, er habe gar nichts davon abbekommen.

Sozialpsychologen haben eine Unmenge von teils erschütternden Beispielen oder Versuchen dazu zusammengetragen. Das bekannteste dieser Beispiele ist der Fall *Kitty Genovese.*

Catherine Susan Genovese, genannt Kitty, war eine junge Frau, die 1964 im Alter von achtundzwanzig Jahren in der Nähe ihrer Wohnung in New York auf offener Straße von einem

Mann überfallen wurde. Über einen Zeitraum von fünfunddreißig Minuten vergewaltigte er sie mehrfach, stach immer wieder mit einem Messer auf sie ein und verfolgte sie, als sie schwer verletzt versuchte zu fliehen. Sie starb infolge der massiven Gewalteinwirkung.

Bei der anschließenden Untersuchung stellte sich heraus, dass insgesamt achtunddreißig Personen Schreie oder Geräusche wahrgenommen, jedoch nicht reagiert hatten. Der Täter beging noch weitere Morde. Er wurde schließlich gefasst und zum Tode verurteilt, jedoch zu lebenslanger Haft begnadigt. Im März 2016 starb er im Alter von achtzig Jahren.

Von Fällen, die möglicherweise weniger dramatisch, jedoch drastisch genug sind, hören und lesen wir jeden Tag, egal, ob es um das Wegschauen oder um die übersteigerte Form des Hinschauens geht, das Gaffen.

Berichte nehmen zu, demnach der Typus des Gaffers sich zu verändern scheint. Immer häufiger wird über Menschen berichtet, die, wenn einem Mitmenschen etwas Schlimmes zustößt, sich in Gruppen zusammenfinden, das Handy zücken und das Leiden des Opfers ins Internet stellen. Rettungskräfte klagen über Behinderungen oder Anpöbeleien bis hin zu körperlicher Gewalt, wenn sie sich ihren Weg bahnen wollen und damit die Fotografierer und Filmer stören.

Vor einiger Zeit wurde über den Fahrradunfall einer Neunjährigen berichtet, um die sich eine Menschenmenge mit Handys versammelte. Hinterher erzählte das Mädchen fassungslos, man habe sich über sie gebeugt und gelacht, als sie verletzt auf dem Asphalt gelegen habe.

Ich fürchte, ich werde keine befriedigende oder gar abschließende Erklärung dafür liefern können, was die Ursachen dieser Verrohung sind. Auch hier besteht immer die Gefahr, dass Erklärungen ohne wissenschaftliche Grundlagen mehr mit dem eigenen Lieblingsthema als mit der Wahrheit zu tun haben. Ist jemand der Meinung, Medien und Ego-Shooter verrohten die Menschen, wird er darin die Erklärung suchen, für einen anderen ist vielleicht der vermeintliche Mangel christlicher Werte dafür verantwortlich. Schließlich wird es noch die geben, die daran erinnern, dass Menschen sich im Mittelalter an Hinrichtungen ergötzt haben und dass sich folglich überhaupt nichts geändert habe.

Wissenschaftler können sich an solchen Spekulationen nicht beteiligen, sondern zunächst einmal nur Tatsachen feststellen. Ursachen zu finden ist immer erheblich diffiziler. Ihnen kämen wir allenfalls näher, wenn es uns gelänge, Menschen, die sich auf diese Weise verhalten, mit denen zu vergleichen, die hilfsbereit sind. Dadurch ließe sich zumindest einiges von dem dingfest machen, was bei den Gaffern schiefgelaufen ist. Im nächsten Schritt könnte man daraus Schlüsse ziehen, wie einer derartigen Entwicklung begegnet werden kann.

Bisher gibt es lediglich einige Theorien dazu, von denen viele davon ausgehen, dass es sich auch hier wieder um Menschen handelt, die als Kind kein Mitgefühl kennengelernt haben und damit selbst auch nicht entwickeln konnten. Aber es gibt auch Wissenschaftler, die zumindest die leichteren Varianten des Gaffens für allgemein menschlich halten, ebenso wie die des Wegschauens.

Das Wegschauen ist ein Schutzmechanismus oder wie einer der Nachbarn von Kitty Genovese es ausdrückte: »Ich wollte nicht in etwas hineingezogen werden.«

Schließlich haben wir alle von Fällen gehört und gelesen, in denen jemand, der einem anderen zu Hilfe kam, selbst verletzt oder gar getötet wurde.

Dabei ist in der Regel Folgendes geschehen: Ein Erwachsener, häufiger eine ganze Gruppe junger Männer, verhält sich wie eine Horde ungezogener, aggressiver Kinder. Ein Außenstehender greift ein und bittet, das zu unterlassen. Hat jemand als Kind die Erfahrung gemacht, dass der, der ihn ermahnte, es prinzipiell gut mit ihm meinte und ihn schützen wollte, kann er sich wieder einkriegen und das Randalieren bleiben lassen. Hat jemand diese Erfahrung nicht gemacht, sondern nur die, dass der, der ihn ermahnt, prinzipiell der ist, der ihn schlägt und möglicherweise auch verabscheut, nutzt er diese Gelegenheit, endlich einmal zurückzuschlagen. Da er viel Hass in sich hat und über wenig bis keine Impulskontrolle verfügt – wer hätte sie ihm auch beibringen sollen –, schlägt er oft so lange, bis der andere schwer verletzt oder tot auf dem Boden liegt.

GEHEN Sie in Fällen, in denen jemand seine Aggressionsbereitschaft deutlich demonstriert, nicht davon aus, dass der so funktioniert wie Sie und gewisse Grenzen schon nicht überschreiten wird.

Sie sehen Menschen nicht an, ob sie zu den Nach-Gehör-Einparkern oder zu den Draufhaltern gehören. Geraten Sie an einen Draufhalter, kann es wirklich gefährlich für Sie werden. Es lohnt sich nicht, Ihr Leben dafür zu riskieren, dass Sie einer tickenden Zeitbombe beibringen wollen, dass die Füße auf den Boden gehören und nicht auf den Sitz.

Tun Sie also in den Situationen, die wirklich ein Eingreifen erfordern, das, was die Polizei rät, die jeden Tag mit solchen Fällen zu tun hat. Niemand verlangt, dass Sie sich selbst in Gefahr bringen. Auch wenn es mutige Menschen gibt, die im Alleingang fremde Kinder aus einem brennenden Haus retten. Oder die feststellen, dass jemand, der sie auf der Autobahn geschnitten hat, offenbar bewusstlos hinterm Steuer sitzt, daraufhin mit dem eigenen Auto das andere abbremsen, es schließlich zum Stehen bringen und Hilfe rufen.

Ohne diese Helden wäre unsere Welt definitiv ärmer.

Auf der Seite der Feiglinge hingegen verläuft die Grenze zwischen Selbstschutz und Unfähigkeit zur Mitmenschlichkeit oft fließend.

Aber Hilfe herbeirufen statt achtlos vorbeigehen – das können wir alle.

Wie aber erklären die Wissenschaftler die Gafferei?

Ich versuche ja pausenlos, Ihnen Neugier als eine besonders wertvolle Eigenschaft zu verkaufen. Neugier ist etwas, das von klein auf zu uns gehört und das uns, wenn es nicht zerstört, sondern ermutigt wird, ein Leben lang begleitet. Ist ja eigentlich auch logisch, dass unser Gehirn darauf abfährt. Schließlich ist es dafür da, um für uns zu sorgen, und das kann es umso besser, je mehr es Bescheid weiß darüber, wie die Welt funktioniert. Um dieses Wissen zu sammeln, müssen wir neugierig sein.

In der Tat geht man heute davon aus, dass beim reinen Gaffen, also dem Herumstehen bei Unglücksfällen, eine uns von der Evolution mitgegebene Verhaltensweise eine Rolle spielt.

Wenn etwas Schlimmes geschieht, versuchen wir, so viel wie möglich darüber zu erfahren, um daraus zu lernen, wie es dazu kommen konnte und wie wir uns selbst davor schützen können, dass uns Gleiches widerfährt. Da stellt die Evolution unseren Selbstschutz vor den Schutz der Persönlichkeitsrechte anderer.

Falls Sie diese Erklärung so gar nicht nachvollziehen können, gebe ich Folgendes zu bedenken:

Überlegen Sie doch mal, ob Sie nicht auch ein Gaffer sind. Oder denken Sie, das zählt nicht, weil die auf der anderen Seite des Bildschirms Sie nicht sehen können? Gehören Sie nicht vielleicht auch zu Leuten, die von einem Nachrichtenkanal auf den anderen schalten, wenn aktuell gerade etwas Schlimmes passiert?

Hinzu kommt aber etwas anderes, nämlich inwieweit wir die Fähigkeit besitzen, den Standpunkt zu wechseln und uns in die Rolle der Opfer zu versetzen. Jemand, der imstande ist zu denken: *Das würde ich in der Situation aber nicht wollen, dass da Leute rumstehen und glotzen,* wird seine Impulse und seine Neugier zügeln und weitergehen, wenn er sieht, dass bereits Helfer im Einsatz sind. Ist das nicht der Fall, wird seine Fähigkeit zum Mitgefühl ihn dazu bringen, Hilfe zu leisten oder zumindest anzufordern.

Die Meinung, alle Menschen seien mittlerweile verroht und keiner mehr zum Mitgefühl fähig, ist ebensolcher Unsinn wie alles, das versucht, die Welt in solch grobe Kategorien einzuteilen. Die wahrscheinlichste Erklärung nach aktuellem Stand der Wissenschaft ist folgende:

Bei den Gaffern ohne Mitgefühl für die Opfer, die Rettungskräfte aggressiv behindern, weil die ihnen im Weg stehen, wenn sie das Ganze filmen und ins Netz stellen wollen, handelt es sich um Menschen mit einem Empathiedefizit. Nach unserem Verständnis also um haltlos gebundene, die nicht in einer frühen, liebevollen Beziehung lernen durften, dass auch andere Menschen Gefühle haben.

Solche frühen Defizite sind nie leicht zu kompensieren und gehen in der Regel mit keinem besonders stabilen Selbstwertgefühl einher. Heute gibt es die Möglichkeit, sich etwas zu beschaffen, das viele für einen guten Ersatz für echte und gute Beziehungen halten. Man zählt seine Likes in den sozialen Netzwerken und redet sich ein, wichtig und interessant für andere zu sein.

So ist zwar in keiner Weise entschuldbar, aber zumindest erklärbar, dass jemand, der so empathielos ist, anderen ungerührt beim Leiden zuzusehen, auch nichts dabei findet, sich mit den Bildern ihres Leidens im Netz zu profilieren.

Der Tiefenpsychologe, der, wie der Name sagt, auch gern in die Tiefen der Psyche steigt, würde darüber hinaus noch vermuten, dass ein Mensch, der so etwas tut, unbewusst ein Muster wiederholt. Wir neigen dazu, Dinge, die psychisch noch nicht verarbeitet sind, zu wiederholen, mitunter in Endlosschleife. So inszeniert aus tiefenpsychologischer Sicht der Gaffer, was er selbst erlebt hat, nur mit anders verteilten Rollen. Er hat gelitten und ihm wurde nicht geholfen. Nun kehrt er die Situation um. Das eigene Leiden wird scheinbar dadurch gemildert, dass man zumindest dieses Mal auf der Seite des Stärkeren ist.

Wem das zu weit hergeholt erscheint, der erinnere sich an manch einen Kommentar in der Zeit der Willkommenskultur, der lautete: *Wieso soll ich denen helfen? Mir hilft ja auch keiner.*

Eines möchte ich Ihnen zum Schluss unbedingt noch mit auf den Weg geben.

Nett zueinander zu sein macht zufrieden.

In einer Untersuchung stellte sich heraus, dass die meisten Menschen, egal ob introvertiert oder extravertiert, davon ausgehen, es gehe ihnen bei einer U-Bahn-Fahrt hinterher besser, wenn sie für sich blieben. Sie gingen davon aus, zurückgewiesen zu werden, wenn sie versuchen würden, mit jemandem Kontakt aufzunehmen. Man ermutigte sie, ein Gespräch mit einem Fremden anzufangen. Es stellte sich heraus: Ihre Befürchtungen waren völlig unbegründet, und anstatt hinterher unglücklicher zu sein, wie sie es vermutet hatten, waren sie glücklicher.

Es gibt eine relativ einfache Faustregel im Umgang mit Wildfremden: Kritik lass stecken, Nettes hau raus.

Auch wenn etwas, das fremde Menschen tun, Sie noch so sehr nervt: Der Fremde, der das tut, was Ihnen nicht gefällt, wird meist nicht der sein, der positiv auf Kritik reagiert.

Bei Menschen, mit denen Sie öfter zu tun haben, seien es Arbeitskollegen oder Nachbarn, ist es wichtig, zunächst für eine gute Beziehung zu sorgen. Das Bedürfnis, wertgeschätzt und gut behandelt zu werden, haben wir alle gemeinsam, und es begleitet uns ein Leben lang. Auf dieser Basis haben Sie erheblich größere Chancen gehört zu werden, wenn Sie sich einmal bei Nachbarn über Lärm zu nächtlicher Stunde beklagen wollen oder bei einem Kollegen darüber, dass Sie ständig für ihn mitarbeiten müssen, weil er seine Zeit lieber damit verbringt, am Telefon mit den Handwerkern über die Fliesenfarbe des neuen Eigenheims zu diskutieren.

Zu Fremden haben Sie diese Beziehung nicht. Diejenigen, die mit ihren Handlungen andere aufregen, gehen auch eher in Verteidigungsmodus und schlagen mit größerer Wahrscheinlichkeit so zurück, dass es wehtut. Also schlucken Sie Ihren Ärger besser runter.

Anders sieht es aus, wenn Ihnen bei Fremden etwas positiv auffällt. Sind Sie schon einmal von einem Wildfremden (ohne dass es nur eine plumpe Anmache sein sollte) auf etwas angesprochen worden, das ihm gefallen hat? Oft reicht eine solche kurze Begegnung, um uns für Stunden fröhlich zu stimmen.

TRAUEN Sie sich! Sagen Sie einem wildfremden jungen Vater, wie toll er mit seinem Kind umgeht, oder einer älteren Dame, dass sie eine richtig schicke Tasche hat. Sie haben es doch die ganze Zeit gedacht, also sprechen Sie es auch aus!

Wer Angst vor Missverständnissen hat, kann sich ja aufs eigene Geschlecht beschränken oder sein Kompliment im Vorübergehen machen.

Die Chancen stehen gut, dass Sie beide anschließend lächeln werden.